T0053267

DESCARGA
**GRATUITA**

Editorial **CLIE**

## Como muestra
## de gratitud por su compra,

visite www.clie.es/regalos
**y descargue gratis:**

*"Los 6 consejos de Jesús para vivir en plenitud hoy"*

Código:

**PLENITUD24**

# SERMONES ACTUALES
## SOBRE
# PEDRO

Homilías sobre los Evangelios Sinópticos

## Kittim Silva Bermúdez

Editorial CLIE
www.clie.es

**EDITORIAL CLIE**
C/ Ferrocarril, 8
08232 VILADECAVALLS
(Barcelona) ESPAÑA
E-mail: clie@clie.es
**http://www.clie.es**

© 2019 por Kittim Silva Bermúdez

*«Cualquier forma de reproducción, distribución, comunicación pública o transformación de esta obra solo puede ser realizada con la autorización de sus titulares, salvo excepción prevista por la ley. Diríjase a CEDRO (Centro Español de Derechos Reprográficos) si necesita fotocopiar o escanear algún fragmento de esta obra (www.conlicencia.com; 917 021 970 / 932 720 447)».*

© 2019 por Editorial CLIE

**Sermones actuales sobre Pedro**
ISBN: 978-84-17131-78-4
Depósito Legal: B 18699-2019
Sermones
Sermones completos
Referencia: 225092

Impreso en EE.UU. / *Printed in USA*

## RVDO. KITTIM SILVA BERMÚDEZ
## B.A., M.P.S., D.HUM., D.D.

El reverendo Kittim Silva es fruto del Ministerio del Teen Challenge de Puerto Rico, lugar donde ingresó y se graduó en 1971. Graduado de la Teriama Health School, como Técnico de Laboratorio Médico (1973). También cursó estudios en el International Bible Institute, Inc. en la ciudad de Nueva York, donde se diplomó en Biblia y Teología (1974). Obtuvo del New York Theological Seminary un Certificado en Ministerio Cristiano (1976). Luego recibió un Bachillerato en Artes Liberales (**B.A.**) del College of New Rochelle con una concentración en Humanidades (1980). Posteriormente obtuvo una Maestría en Estudios Profesionales (**M.P.S.**) del New York Theological Seminary con una concentración en Ministerio (1982). La Universidad Nacional Evangélica (**UNEV**) de la República Dominicana le confirió el título "Profesor Honoris Causa en Teología" (1994), y Doctor "Honoris Causa En Humanidades" (1998). La Latin University of Theology (**LUT**) de California le otorgó un Doctor "Honoris Causa en Divinidades" (2001).

Durante años se ha desempeñado como Obispo del Concilio Internacional de Iglesias Pentecostales de Jesucristo, Inc. (**C.IN.I.PE.JE.**) Es cofundador de Radio Visión Cristiana Internacional (**RVCI**), donde ocupó el cargo de Presidente (1994-2001), y desde hace años sirve en la Junta de Directores. Desde el 2010 hasta el presente año ocupa el cargo de Vicepresidente de RVCI.

Desde el año 1998 es el vicepresidente y cofundador de la Coalición Latina de Ministros y Líderes Cristianos (**CO.N.LA.MI.C.**). Fue el fundador y primer moderador de la Confraternidad de Líderes Conciliares (**CON.LI.CO.**). Ha ministrado en cinco continentes y en 40 países. Cofundador y director de la Clínica Ministerial Internacional (**CLI.M.I.**). Es fundador de la Christian University of Human Development (**C.U.O.H.DE.**) y anfitrión del programa de televisión y radio "Retorno".

**Dedico este libro a personas significativas en mi vida:**

Mi madre Georgina A. Bermúdez Sulivan,
mujer de ejemplo y una campeona de fe.

Mi hermana la Dra. Myrtha Silva Bermúdez,
mujer que se derrama al servicio de sus semejantes.

Mi esposa la Dra. Rosa M. Silva,
mi costilla de hierro, una mujer de visión,
y una emprendedora del reino.

Mi yerno y mi hija, los Pastores David y Janet
(padres de mi nieto Josiah Kittim), ángeles sin alas.

Mi hija Aimee Rebeka, una apasionada en lo que hace,
y quien nos asiste administrativamente.

# _Índice

# _Versiones de la Biblia empleadas en este libro

(A no ser que se indique de otra manera, en este libro empleo Versión Reina-Valera de (**RV1960**).

Traducción Latinoamericana (**TL**)

Nueva Versión Internacional (**NVI**)

Traducción En Lenguaje Actual (**TLA**)

Reina Valera de 1960 (**RVR60**)

Reina Valera de 1909 (**RVR09**)

Reina Valera Contemporánea (**RVR**)

Dios Habla Hoy (**DHH**)

Biblia Peshita (**BP**)

Biblia del Oso (**BDO1573**)

# _Prólogo

Durante mucho tiempo desee predicar una serie de sermones biográficos sobre algún personaje del Nuevo Testamento. Esta serie sobre *Simón Pedro* es la respuesta. Este se suma a la colección de Sermones Actuales publicados por la Editorial CLIE, donde el reconocido autor Antonio Cruz comparte algunos de sus libros.

La elaboración de estos sermones sobre Simón Pedro, suponía una tarea complicada, ya que el relato del apóstol aparece siempre ligado a otros discípulos.

En el pasado he predicado sobre muchos personajes del Antiguo Testamento, pero predicar sobre un personaje del Nuevo Testamento resulta más complicado a la hora de presentar su perfil bíblico en prédicas, las secuencias de su vida y sus acciones. Enseñar es más fácil que predicar sobre un personaje, enseñando solo se presenta información, pero predicando se presenta información y se tiene que aplicar la información.

Por fin me decidí a intentar predicar sobre Simón Pedro en el año 2005, cuando comencé a elaborar las ideas, lo cual hago siempre un año antes de lanzarme a la arena homilética de la exposición. Ya han pasado trece años desde que expuse esta serie de sermones. Esta obra recoge esos sermones del pasado, ahora más pulidos y actualizados.

Unos 13 sermones han conformado esta serie, que al igual que otras anteriores y otras posteriores, han sido expuestas desde el púlpito de la Iglesia Pentecostal de Jesucristo de Queens (IPJQ). Ese es el auditorio que escucha primero las predicaciones. Desde ese púlpito hago teología y desarrollo los principios donde combino la presentación con la aplicación, y organizo las ideas homiléticamente. Soy maestro-predicador y predicador-maestro, ese binomio no se puede separar cuando expongo las Sagradas Escrituras. Soy de la academia y soy de la base, y eso me permite presentar y aplicar tomando en cuenta ambos grupos.

*Simón Pedro* es un personaje fascinante, interesante, que aparece siempre lleno de energía. En él vemos un carácter intrépido, ligero, determinado, un líder natural; alguien que sin demora estaba siempre presto a accionar.

*Simón Pedro* fue el primero de los discípulos en hacer una confesión mesiánica del Señor Jesucristo, cuando le dijo: «Tú eres el Cristo, el Hijo del Dios viviente» (Mt. 16:16). En otras palabras le expresó al Maestro: «Tú eres el Mesías y eres Hijo del Dios que vive». Y Jesús le tuvo que alabar como dichoso: «Bienaventurado eres Simón, hijo de Jonás, porque no te lo reveló carne ni sangre, sino mi Padre que está en los cielos» (Mt. 16:17).

*Simón Pedro* es la persona que falló al Señor Jesucristo, habiéndolo negado tres veces, antes de que el gallo cantara dos veces, pero que también buscó el camino del arrepentimiento para el perdón. Él negó tres veces a su Maestro, pero el Maestro por tres veces le hizo confirmar su amor hacia Él.

*Simón Pedro* formó parte con Jacobo el Mayor y Juan, los hijos de Zebedeo, de ese anillo de amigos alrededor de nuestro Señor Jesucristo, nombrados en diferentes episodios del Maestro de la Galilea (Mt. 17:1; Mc. 5:37; 9:2; 13:3; 14:33; Lc. 8:51; 9:28).

*Simón Pedro*, como los primeros cuatro discípulos, se hizo receptor de tres llamamientos por parte del Rabino de la Galilea (Jn. 1:40; Jn. 2:2). Se unió a esos primeros seguidores de Jesús de Nazaret acompañándolo (Mt. 4:19; Mc. 1:17; Lc. 5:10). Y encabezó la nomenclatura de los Doce o *Dódeka* (Mt. 10:2; Mc. 3:14-16; Lc. 6:13-14).

*Simón Pedro*, en el día de Pentecostés, sobresale como un predicador de doctrina y de convicción. Ante miles de personas, proclamó a Jesús como el Mesías y, el resultado de su llamamiento es que unas tres mil personas se arrepintieron y se bautizaron. De esa manera la iglesia primitiva, que con Pedro comenzó como una iglesia judeocristiana, se inició. En su segundo mensaje unos cinco mil más se sumaron a la nómina de la iglesia.

*Simón Pedro* es también un hombre de familia. Aparece asociado a su hermano Andrés, siendo ambos de Betsaida (Jn. 1:44), una aldea muy cerca de Capernaum, al norte del lago de Genesaret. Las ruinas hoy día están distantes de la costa del mar de Galilea, pero en la época de Jesús este lago era de mayor tamaño y sus aguas llegaban hasta la costa de Betsaida (Mc. 6:45-47).

*Simón Pedro* y su hermano Andrés practicaban la pesca como «modus vivendi». También el relato de los evangelios sinópticos menciona a la suegra de Pedro. Esta vivía en Capernaum, lo que se supone era la casa de Simón Pedro, donde Jesús, al frecuentar por aquellos lugares, se hospedaba. Ella había estado enferma con fiebre y en una visita que le hizo Jesús la sanó milagrosamente.

*Simón Pedro* se perfila en el libro de los Hechos como uno de los dirigentes de la naciente Iglesia de Jerusalén, junto a Jacobo el hermano del Señor. Vemos a Simón Pedro haciendo elecciones para el substituto de Judas Iscariote, y así completar la *Dódeka*.

*Simón Pedro* es el instrumento utilizado por el Espíritu Santo para la conversión del centurión de Cesárea Marítima de nombre Cornelio. Allí, el Espíritu Santo cayó por primera vez sobre los gentiles, primicia de los mismos al cristianismo.

*Simón Pedro* se parece a muchos de nosotros. En él nos reflejamos con nuestras ligerezas, nuestras fallas, nuestras oportunidades y, sobre todo, con el deseo de querer agradar a nuestro Señor Jesucristo. ¡Es todo un personaje en el colegio apostólico! Uno con el cual reímos y también lloramos.

*Simón Pedro* es el discípulo que recibió muchos regaños por parte del Maestro. Esto nos recuerda a nosotros la manera precipitada en la que nos expresamos muchas veces. Somos iguales en muchas actitudes a Simón Pedro y, aún somos peores que este discípulo cabeza de la *Dódeka*.

*Simón Pedro* se retrata como impulsivo, ligero, líder, determinado, trabajador, decidido, expresivo, confrontador, comprometido, extrovertido, alegre, activo, cuestionador, amigable, sincero, quebrantado, intrépido, temerario, analizador, hablador, exagerado, impetuoso, emocional, defensor, agresivo, preguntón y extrovertido.

Es importante que el lector se fije en que muchas veces empleo los términos: mateíno para referirme a los escritos del evangelio de Mateo; lucanino para referirme a los escritos del evangelio de Lucas; marconiano para referirme a los escritos del evangelio de Marcos. Términos como veterotestamentario o veterotestamentaria es para referirme al Antiguo Testamento, y neotestamentario o neotestamentaria para referirme al Nuevo Testamento.

Sin más, le invito a recorrer juntos esta serie de homilías sobre Simón Pedro; sé que le habrán de bendecir así como han bendecido a aquellos que los escucharon y me vieron predicándolos, y yo, aunque era el expositor, fui altamente bendecido. Disfruté cada oportunidad del púlpito de la IPJQ para proclamar las Buenas Nuevas del reino de Jesucristo.

Obispo Kittim Silva Bermúdez
Queens, New York

# Simón Pedro en los Evangelios. Su llamado y su misión

# 01
# El llamado de Pedro

Mateo 4:18-20, RVR1960

*«Andando Jesús junto al mar de Galilea, vio a dos hermanos, Simón, llamado Pedro, y Andrés su hermano, que echaban la red en el mar, porque eran pescadores. Y les dijo: Venid en pos de mí, y os haré pescadores de hombres. Ellos entonces, dejando al instante las redes, le siguieron».*

## Introducción

Según el relato mateíno, los hermanos Simón Pedro y Andrés son los dos primeros discípulos en ser llamados (Mt. 4:12-17). Al momento de su llamado *«echaban la red»* (Mt. 4:18) y *«eran pescadores»* (Mt. 4:18), y Jesús los invitó a seguirlo (Mt. 4:19) y ellos pusieron de lado *«las redes»* (Mt.4:20); y su nueva vocación comienza con las palabras, *«le siguieron»* (Mt.4:20).

## 1. La visión de Jesús

«Andando Jesús junto al mar de Galilea, vio a dos hermanos, Simón, llamado Pedro, y Andrés su hermano, que echaban la red en el mar, porque eran pescadores» (Mt. 4:18).

Jesús inició su ministerio en Capernaum, en la conocida como «la región de Zabulón y de Neftalí» (Mt. 4:13). Capernaum en la época de Jesús era una «ciudad marítima» de la Palestina (Mt. 4:13). El negocio de la pesca y la venta de pescados era su más fuerte economía. La pesca era también fuente de ingreso en los alrededores de ciudades como: **Magdala** significa «**torre**», **Capernaum** significa «**aldea de Nahum**» y **Betsaida** significa «**casa de pesca**» o «**casa del pez**». En estas aldeas se trabajaba en la agricultura y en la pesca.

**1. Magdala:** El Nuevo Testamento hace referencia directa a Magdala: «Entonces, despedida la gente, entró en la barca, y vino a la región de Magdala» (Mt. 15:39). Es probable que Jesús, desde la región de los gadarenos, cruzara luego en la barca hasta el puerto de Magdala, donde tuvo el encuentro con Jairo y la mujer del flujo de sangre. Aunque pudo haber sido que regresara al puerto de Capernaum.

«Pasando otra vez Jesús en una barca a la otra orilla, se reunió alrededor de él una gran multitud, y él estaba junto al mar. Y vino uno de los principales de la sinagoga, llamado Jairo, y luego que le vio, se postró a sus pies, y le rogaba mucho, diciendo: Mi hija está agonizando, ven y pon las manos sobre ella para que sea salva, y vivirá» (Mc. 5:21-23).

Jesús de Nazaret se presenta enseñando y predicando en varias sinagogas de la Galilea:

«Y recorrió Jesús toda Galilea, enseñando en las sinagogas de ellos, y predicando el evangelio del reino, y sanando toda enfermedad y toda dolencia en el pueblo» (Mt. 4:23).

«Y **predicaba en las sinagogas de ellos** en toda Galilea, y echaba fuera los demonios» (Mc. 1:39).

«Vino a **Nazaret**, donde se había criado, y en el día de reposo entró en la sinagoga, conforme a su costumbre, y se levantó a leer» (Lc. 4:16).

«Y **predicaba en las sinagogas de Galilea**» (Lc. 4:44). «Estas cosas dijo en la sinagoga, enseñando en **Capernaum**» (Jn. 6:59).

En Magdala se ha descubierto la Sinagoga de Migdal, la más antigua de la Galilea. María Magdalena, cuyo apellido es una transliteración del griego **Magdalené** (Μαγδαληνή), significa de Magdala o Migdal, el gentilicio es Magdalena. Ella era oriunda de allí y los evangelios la mencionan.

«También había algunas mujeres mirando de lejos, entre las cuales estaban **María Magdalena**, María la madre de Jacobo el menor y de José, y Salomé, quienes, cuando él estaba en Galilea, le seguían y le servían; y otras muchas que habían subido con él a Jerusalén» (Mc. 15:40-41).

«Cuando pasó el día de reposo, **María Magdalena**, María la madre de Jacobo, y Salomé, compraron especias aromáticas para ir a ungirle. Y muy de mañana, el primer día de la semana, vinieron al sepulcro, ya salido el sol» (Mc. 16:1-2).

«Habiendo, pues, resucitado Jesús por la mañana, el primer día de la semana, apareció primeramente a **María Magdalena, de quien había echado siete demonios**. Y yendo ella, lo hizo saber a los que habían estado con él, que estaban tristes y llorando. Ellos, cuando oyeron que vivía, y que había sido visto por ella, no lo creyeron» (Mc. 16:9-11).

El **Duc In Altum** o «**Boga Mar Adentro**» (Lc. 5:4) es un hermoso santuario levantado sobre las ruinas arqueológicas de Magdala o Migdal. Tiene un atrio octagonal con ocho columnas recordando las mujeres identificadas con el ministerio de Jesús de Nazaret: *María Magdalena* (Lc. 8:2); *Susana y Juana*, la esposa de Cusa (Lc. 8:3); *María y Marta* (Lc. 10:38); *Salomé*, madre de Jacobo y Juan, esposa de Zebedeo (Mt. 20:20); *la suegra de Simón Pedro* (Mt. 8:15); *María esposa de Cleofás* (Jn. 19:25). *Otras muchas mujeres* (Mc. 15:41).

Una columna sin nombre es para cada mujer de fe de la historia y del mundo. Para esas mujeres del pasado y del presente cuyos actos heroicos de fe, dan testimonio del gran amor que sienten hacia el Amado Salvador y el corazón de servicio que expresan por la Iglesia.

En ese atrio hay cuatro capillas con murales en mosaicos de escenas de Jesús de Nazaret:

(1) **Capilla «Andando Sobre Las Aguas»**. Jesús Rescatando a Simón Pedro del mar (Mt. 14:29-31).

(2) **Capilla «Pescadores de Hombres»**. El llamado a Simón Pedro y a Andrés (Mt. 4:18-20).

(3) **Capilla «María Magdalena»**. Después que Jesús la liberó de los demonios (Lc. 8:1-2).

(4) **Capilla «Hija de Jairo»**. Jesús resucitando a la única mujer en su ministerio (Mc. 5:41-42).

En el santuario hay doce columnas con pinturas de los Doce Apóstoles cada uno con los símbolos que los identifican. El altar posee la forma de una barca del tiempo de Jesús de Nazaret, con el mástil en forma de cruz, y un cristal amplio que deja ver el mar de Galilea.

Y una capilla subterránea ecuménica o interconfesional llamada del «Encuentro» con una calle de piedras arqueológicas encontradas en el mercado de la localidad en la época de Jesús; el pintor chileno Daniel Cariola, un artista chileno, creo una pintura al óleo con diferentes pies en sandalias de la multitud, los apóstoles y las de Jesús de Nazaret. La mujer del flujo de sangre, tiene su brazo izquierdo o zurdo extendido y el dedo tocando el manto o *talit* de oración del Señor.

El *Duc In Altum* es uno de mis lugares favoritos de los santuarios de los Evangelios en la Galilea. La enfermedad de aquella mujer se encontró con el Sanador.

«Jesús fue con él, y toda la gente lo siguió, apretujada a su alrededor. Una mujer de la multitud hacía doce años que sufría una hemorragia continua.

Había sufrido mucho con varios médicos y, a lo largo de los años, había gastado todo lo que tenía para poder pagarles, pero nunca mejoró. De hecho, se puso peor. Ella había oído de Jesús, así que se le acercó por detrás entre la multitud y tocó su túnica. Pues pensó: 'Si tan solo tocase su túnica, quedaré sana'. Al instante, la hemorragia se detuvo, y ella pudo sentir en su cuerpo que había sido sanada de su terrible condición» (Mc. 5:24-29, NTV).

**2. Capernaum:** Parte de la ventaja económica de Capernaum (el hebreo lee **Kfar Nahum**) era que por allí atravesaba una carretera principal, conocida como la *Via Maris* y que conducía de Palestina a Siria, al Líbano y a Persia. Se le conoció también como el Camino de los Filisteos.

Isaías 9:1 menciona ese Camino del Mar o *Via Maris*: «Mas no habrá siempre oscuridad para la que está ahora en angustia, tal como la aflicción que le vino en el tiempo que livianamente tocaron la primera vez a la tierra de Zabulón y a la tierra de Neftalí; pues al fin llenará de gloria **el camino del mar**, de aquel lado del Jordán, en Galilea de los gentiles».

Los que hemos visitado Capernaum vemos descubrimientos arqueológicos que ilustran la importancia de esta ciudad galilea norteña. La presencia de las hordas romanas, la marcha de caravanas civiles y su centro religioso que era la sinagoga, frecuentada por Jesús de Nazaret, le daban a la misma un toque distintivo.

En Capernaum, a orillas del lago de Tiberias, y al norte del mismo, Jesús de Nazaret tuvo una visión, en aquella encrucijada de caminos, en la que distinguió a dos hermanos entre muchos pescadores, que respondían a los nombres de Simón Pedro y de Andrés, siendo mayor el primero.

**3. Betsaida:** Ciudad original de Simón Pedro y Andrés, aunque ellos residían en Capernaum. El discípulo Felipe era de Betsaida también. La misma se asocia con el ministerio de Jesús de Nazaret. Las ruinas de Betsaida fueron descubiertas hace 30 años por el Dr. Rami Arav. En el 2018, el Dr. Arav con un grupo de 20 arqueólogos descubrió la puerta principal de Betsaida, monedas de oro, jarros y llaves de casas. Prueba de un templo romano construido por Herodes Felipe fueron descubiertas.

«Vino luego a **Betsaida** y le trajeron un ciego, y le rogaron que le tocase. Entonces, tomando la mano del ciego, le sacó fuera de la aldea, y escupiendo en sus ojos, le puso las manos encima, y le preguntó si veía algo. Él, mirando, dijo: Veo los hombres como árboles, pero veo que andan. Luego le puso otra vez las manos sobre los ojos, y le hizo que mirase, y fue restablecido, y vio de lejos y claramente a todos. Y lo envió a su casa, diciendo: No entres en la aldea, ni lo digas a nadie en la aldea» (Mc. 8:22-26).

«Enseguida hizo a sus discípulos entrar en la barca e ir delante de él a **Betsaida**, en la otra ribera, en tanto que él despedía a la multitud. Y después que los hubo despedido, se fue al monte a orar, y al venir la noche, la barca estaba en medio del mar, y él solo en tierra» (Mc. 6:45-47).

«¡Ay de ti, **Corazaín**! ¡Ay de ti, **Betsaida**! Porque si en Tiro y en Sidón se hubieran hecho los milagros que han sido hechos en vosotras, tiempo ha que se hubieran arrepentido en cilicio y en ceniza. Por tanto os digo que en el día del juicio, será más tolerable el castigo para Tiro y para Sidón, que para vosotras. Y tú, **Capernaum**, que eres levantada hasta el cielo, hasta el Hades serás abatida, porque si en Sodoma se hubieran hecho los milagros que han sido hechos en ti, habría permanecido hasta el día de hoy. Por tanto os digo que en el día del juicio, será más tolerable el castigo para la tierra de Sodoma, que para ti» (Mt. 11:21-24).

**Corazaín, Betsaida y Capernaum** fueron escenarios de muchos milagros de Jesús de Nazaret. A esta tríada se la conoce como «*El triángulo de los Evangelios*». He tenido la oportunidad de visitar las ruinas de esta tríada. Especialmente en Corazaín, dentro de las ruinas de su antigua sinagoga, hay una silla en piedra conocida como «La Cátedra de Moisés» desde donde enseñaba el rabino.

El relato joanino afirma que Juan el bautista señaló a Jesús como «el Cordero de Dios» (griego Ἀμνὸς τοῦ Θεοῦ, *Amnos tou Theou*; latín *Agnus Dei*), y dos de sus discípulos lo siguieron. Uno de los dos discípulos se llamaba Andrés, hermano menor de Simón Pedro.

«El siguiente día otra vez estaba Juan, y dos de sus discípulos. Y mirando a Jesús que andaba por allí, dijo: *He aquí el Cordero de Dios*. Le oyeron hablar los dos discípulos, y siguieron a Jesús. Y volviéndose Jesús, y viendo que le seguían, les dijo: ¿Qué buscáis? Ellos le dijeron: Rabí (que traducido es, Maestro), ¿dónde moras? Les dijo: Venid y ved. Fueron, y vieron donde moraba, y se quedaron con él aquel día, porque era como la hora décima».

Andrés, hermano de Simón Pedro, era uno de los dos que habían oído a Juan, y habían seguido a Jesús. «Andrés halló a su hermano Simón, y le dijo: Hemos hallado al Mesías (que traducido es, el Cristo). Y le trajo a Jesús. Y mirándole Jesús, dijo: Tú eres Simón, hijo de Jonás; tú serás llamado Cefas (que quiere decir, Pedro)» (Jn. 1:35-42).

**4. Genesaret:** Se le llama también «**Gennesar**». Marcos 6:53-55 lee: «Terminada la travesía, vinieron a tierra de **Genesaret**, y arribaron a la orilla. Y saliendo ellos de la barca, enseguida la gente le conoció. Y recorriendo toda la tierra de alrededor, comenzaron a traer de todas partes enfermos en lechos, a donde oían que estaba».

En el Kibutz Ginosar se conserva, en el museo, una barca de la época de Jesús, la cual se exhibe a los visitantes. Se descubrió en el año 1986 por dos hijos de un pescador.

Juan el Bautista, que ganó su apellido por la acción de bautizar, según Jesús el Nazareno fue el mayor de todos los profetas, pero es el menor de todos los creyentes en el reino de los cielos. ¡El mayor es también el menor!

«Les aseguro que entre los mortales no se ha levantado nadie más grande que Juan el Bautista, sin embargo, el más pequeño en el reino de los cielos es más grande que él» (Mt. 11:11, NVI).

«Les aseguro que todavía no ha nacido un hombre más importante que Juan el Bautista. Pero en el reino de Dios, la persona menos importante es superior a Juan» (Mt. 11:11, TLA).

Andrés fue un discípulo de Juan el bautista, y una primicia para Jesús de Nazaret; este fue a su hermano Simón, que es probable que fuese otro discípulo del Bautista. Andrés testificó a su hermano Simón su nueva relación con el Mesías, al que presentó a Simón Pedro. Y allí, Jesús le dio a Simón, que tenía un nombre muy común, otro nombre o apodo al llamarlo «Cefas» en arameo o «Petros» en griego, que significa Piedra y de ahí Pedro:

«**Y mirando a Jesús que andaba por allí, dijo: He aquí el Cordero de Dios**. Le oyeron hablar los dos discípulos, y siguieron a Jesús. Y volviéndose Jesús, y viendo que le seguían, les dijo: **¿Qué buscáis?** Ellos le dijeron: Rabí (que traducido es, Maestro), **¿dónde moras?** Les dijo: Venid y ved. Fueron, y vieron donde moraba, y se quedaron con él aquel día; porque era como la hora décima. **Andrés, hermano de Simón Pedro, era uno de los dos que habían oído a Juan, y habían seguido a Jesús. Este halló primero a su hermano Simón**, y le dijo: Hemos hallado al Mesías (que traducido es, el Cristo). Y le trajo a Jesús. Y mirándole Jesús, dijo: Tú eres Simón, hijo de Jonás; tú serás llamado Cefas (que quiere decir Pedro)» (Jn 1:36-42).

En los listados del llamamiento o elección de los doce apóstoles en los evangelios, Simón Pedro siempre encabeza las listas y Judas Iscariote las cierra, como una manera de indicar al más importante como al menos importante de la nomenclatura:

«Los nombres de los doce apóstoles son éstos: primero **Simón, llamado Pedro**, y Andrés su hermano; Jacobo hijo de Zebedeo, y Juan su hermano; Felipe, Bartolomé, Tomás, Mateo el publicano, Jacobo hijo de Alfeo, Lebeo, por sobrenombre Tadeo, Simón el cananita, y **Judas Iscariote, el que también le entregó**» (Mt. 10:2-4).

De este Jacobo, hermano de Juan, hijos de Zebedeo, nos dice Eusebio de Cesarea:

En aquel mismo tiempo (evidentemente el de Claudio), el rey Herodes echó mano a algunos de la iglesia para maltratarles. **Y mató a espada a Jacobo, hermano de Juan**.

Ahora bien, acerca de este Jacobo, Clemente, en el libro VII de sus *Hypotyposeis*, ofrece un relato digno de mención, según parece a partir de una tradición anterior a él. Dice que el que le había denunciado, emocionándose al presenciar su testimonio, confesó que «**él también era cristiano**».

Y sigue: «Así pues, ambos fueron llevados juntos, y por el camino, **el que le entregaba pidió perdón a Jacobo**, y él, tras observarle un momento, le dijo: 'La paz sea contigo', y le besó. **De este modo ambos fueron decapitados juntos**» (*Historia Eclesiástica*, Libro II, capitulo IX, 1, 2 y 3).

«Y estableció a doce, para que estuviesen con él, y para enviarlos a predicar, y que tuviesen autoridad para sanar enfermedades y para echar fuera demonios: **a Simón, a quien puso por sobrenombre Pedro**; a Jacobo hijo de Zebedeo, y a Juan hermano de Jacobo, a quienes apellidó Boanerges, esto es, Hijos del trueno; a Andrés, Felipe, Bartolomé, Mateo, Tomás, Jacobo hijo de Alfeo, Tadeo, Simón el cananita, **y Judas Iscariote, el que le entregó**. Y vinieron a casa» (Mc. 3:14-19).

Eusebio de Cesarea en su *Historia Eclesiástica*, nos dice de Tomás y de Tadeo:

Entonces también fue llevada a cabo la promesa de nuestro Salvador, hecha al rey Osroene. Según esto, Tomás, *impulsado por Dios, envió a Tadeo a Edesa como predicador y evangelista de la enseñanza de Cristo* al mundo, que hemos demostrado hace poco en documentos escritos encontrados allí.

*Tadeo, tras detenerse en aquel lugar, sana a Abgaro por la palabra de Cristo* y deja maravillados a todos los presentes por sus asombrosos milagros. Y cuando los hubo dispuesto convenientemente con sus obras, guardándolos luego hacia la veneración del poder de Cristo, los hizo discípulos de la enseñanza del Salvador. Desde aquel momento hasta nuestros días toda la ciudad de Edesa está consagrada al nombre de Cristo, de este modo dan un singular ejemplo de nuestro Salvador y de sus buenas obras para con ellos (Libro II, capítulo I, 6 y 7).

«Y cuando era de día, llamó a sus discípulos, y escogió a doce de ellos, a los cuales también llamó apóstoles: **a Simón, a quien también llamó Pedro**, a Andrés su hermano, Jacobo y Juan, Felipe y Bartolomé, Mateo, Tomás, Jacobo hijo de Alfeo, Simón llamado Zelote, Judas hermano de Jacobo, **y Judas Iscariote, que llegó a ser el traidor**» (Lc. 6:13-16).

Eusebio de Cesarea nos dice: «Así, pues, se hallaban los judíos cuando los santos apóstoles de nuestro Salvador y los discípulos fueron esparcidos por toda la tierra. *Tomás, según sostiene la tradición, recibió Partia; Andrés, Escitia, y Juan, Asia*, y allí vivió hasta morir en Éfeso» (*Historia Eclesiástica*, Libro III, capítulo 1, 1).

**El primer cuarteto de los discípulos de Jesús son:** Simón Pedro, Andrés, Jacobo y Juan, hijos de Zebedeo, los Boanerges o Hijos del Trueno (Mt. 10:2; Mc. 3:16-18; Lc. 6:13-14).

**El segundo cuarteto de los discípulos de Jesús son:** Felipe, Natanael Bartolomé, Mateo el Publicano y Tomás el Dídimo (Mt. 10:3; Mc. 3:18; Lc. 6:14).

**El tercer cuarteto de los discípulos de Jesús son:** Jacobo hijo de Alfeo, Simón el Cananita o el Zelote, Judas hermano de Jacobo, y Judas Iscariote (Mt. 10:3-4; Mc. 3:18-19; Lc. 3:14-15).

**Jesús de Nazaret tuvo dos parejas de hermanos entre la Dódeka:** Simón Pedro y Andrés, hijos de Jonás, con Jacobo y Juan, hijos de Zebedeo. En la Nueva Jerusalén las doce puertas tienen los nombres de las doce tribus, pero los doce fundamentos tienen los nombres de los doce apóstoles (Apoc. 21:14).

«El ángel que hablaba conmigo tenía en la mano una vara de oro para medir la ciudad, sus puertas y su muralla. Cuando la midió se dio cuenta de que era cuadrada, que medía lo mismo de ancho que de largo. En realidad, medía 2220 kilómetros de largo, lo mismo de alto y lo mismo de ancho.

Después midió el grosor de las murallas, que eran de sesenta y cinco metros (según la medida humana que el ángel usó). La muralla estaba hecha de jaspe, y la ciudad era de oro puro y tan cristalino como el vidrio. La muralla de la ciudad estaba fundada sobre doce piedras, cada una adornada con una piedra preciosa: la primera con *jaspe*, la segunda con *zafiro*, la tercera con *ágata*, la cuarta con *esmeralda*, la quinta con *ónice*, la sexta con *cornalina*, la séptima con *crisólito*, la octava con *berilo*, la novena con *topacio*, la décima con *crisoprasa*, la undécima con *jacinto* y la duodécima con *amatista*.

Las doce puertas estaban hechas de *perlas*, ¡cada puerta hecha de una sola perla! Y la calle principal era de oro puro y tan cristalino como el vidrio» (Apoc. 21:15-21, NTV).

Los fundamentos de la ciudad de oro, que es un tetrágono, mide 1,400 a 1,500 millas de largo por ancho y alto, y como fundamentos tiene los nombres de la Dódeka, a quienes se les refiere como «los doce apóstoles del Cordero».

La Nueva Jerusalén con 1,400 a 1,500 millas de largo, ancho y alto, tiene el tamaño de 2 millones o 2.25 millones de millas cuadradas. Se puede comparar con un gran continente descendiendo del cielo a la tierra. Es de más tamaño que Inglaterra, de más tamaño que Alemania, más grande que la India y es dos terceras partes de los Estados Unidos de América. Pero se debe considerar también la altura de 1,400 a 1,500 millas. Eso sin tomar en cuenta que la misma longitud de largo y ancho, lo es de alto. Representando que en la Nueva Jerusalén hay espacio para todos los creyentes.

La organización del Ministerio Evangelístico de Billy Graham al igual que el Ministerio Evangelístico de Luis Palau, antes de sus campañas o cruzadas evangelísticas en cualquier ciudad, toman un tiempo para capacitar y preparar en las diferentes congregaciones el llamado «Plan Andrés», que consiste en alcanzar a personas, orar por ellos, amistarse con ellos, acompañarlos a la actividad y luego darles seguimiento. Esas personas se integran con parientes (Juan el Bautista y Jesús, Simón Pedro y Andrés) vecinos (Simón Pedro, Andrés, amigos de Felipe), amigos (Felipe y Natanael) y otras personas. El Plan Andrés ha dado resultados excelentes.

Jesús está interesado en salvar a la familia, en alcanzar a padres, a hermanos, y a madres con hijos, a abuelos y nietos, a tíos y sobrinos en necesidad de salvación.

Se nos declara en el relato mateíno que Jesús «vio a dos hermanos, Simón, llamado Pedro, y Andrés su hermano, que echaban la red en el mar, porque eran pescadores» (Mt. 4:18). Esa fue una visión de llamamiento. Físicamente Jesús de Nazaret los vio y espiritualmente también. No estaban ociosos, estaban trabajando. Jesús de Nazaret no buscará entre los ociosos a alguien para darle trabajo en su empresa del reino.

Se afirma, «**... porque eran pescadores...**». Tenían un oficio. Realizaban un trabajo que les ganó este título de «pescadores». Muchos hacen algo, pero no son ese algo, enseñan pero no son maestros, pastorean, pero no son pastores, evangelizan, pero no son evangelistas, predican, pero no son predicadores. Simón Pedro y Andrés «eran pescadores».

## 2. El llamado de Jesús

«Y les dijo: Venid en pos de mí, y os haré pescadores de hombres» (Mt. 20:19).

El encuentro inicial con estos hermanos pescadores ya lo tratamos en Juan 1:35-42; allí Andrés fue el instrumento para la conversión de Simón Pedro, aquí, en Mateo 20:19, Jesús de Nazaret llamó a Simón Pedro y a su hermano Andrés para ser «pescadores de hombres» o ganadores de almas.

La pasión que tenían para pescar en el mar de Galilea la tendrían ganando almas para Jesucristo. Esa misma pasión por su oficio, la transmitirían en su llamado como misioneros. Gente apasionada se necesita para la gran tarea de la evangelización.

Con el mismo ahínco con que realizamos un trabajo secular, debemos realizar el trabajo espiritual del Señor. Si somos mecánicos, seamos mecánicos espirituales, si somos barberos o peluqueros seamos barberos o peluqueros espirituales; si somos carpinteros, seamos carpinteros espirituales... lo que somos secularmente seámoslo espiritualmente ganando almas para Jesucristo.

Veamos esa expresión: «**Venid en pos de mí...**», es un llamado a acercarse a Él, a estar con Él, a obedecerlo a Él, a aprender de Él, a caminar con Él, a mirarlo a Él, a buscarlo a Él, a seguirlo a Él y a vivir con Él y para Él. «El mar sería el mundo; sus redes, la palabra; su pesca, los hombres» (*Gran Diccionario Enciclopédico de la Biblia*, CLIE, Barcelona 2013).

El verdadero discipulado no es llenarse de conocimientos teológicos, no es marearse o marear a otros con títulos religiosos, es llenarse del deseo de evangelizar y hacer misiones. Hay una epidemia de títulos religiosos entre los pentecostales. Los títulos son buenos, siempre y cuando no sean adornos sociales.

Un día le dije a mi amigo el Supt. Adjunto de Asambleas de Dios en México, Presbítero José M. Saucedo Valenciano, ahora Secretario Nacional: «Pepe, hay puertas que la unción no abre, pero un título las abre».

Se afirma, «**... y os haré pescadores de hombres...**». Uno no se hace predicador, ni se hace maestro, ni se hace pastor, ni se hace evangelista. Jesús de Nazaret tiene que transformar a uno en esa persona que Él necesita. Él nos tiene que transformar para ese ministerio al que nos llamó. Debemos transformarnos en «**pescadores de hombres**», en ganadores de almas, en presentadores de Jesucristo. Nuestros cuerpos deben ser el Cuerpo de Jesucristo.

## 3. La respuesta a Jesús

«Ellos entonces, dejando al instante las redes, le siguieron» (Mt. 4:20).

La reacción a ese llamado mesiánico fue algo instantáneo. Simón Pedro y Andrés no tenían dudas de que eran promovidos a un trabajo más seguro y con mejores beneficios en la vida del reino, que el que tenían como pescadores en el mar de Galilea. Se transformarían en pescadores en el mar del mundo.

Se afirma, «**... dejando al instante las redes...**». El discipulado llama a dejar algo, para hacer algo por el reino de Jesucristo. Muchos no quieren todavía dejar muchas cosas para trabajar por el Mesías Jesús de Nazaret. Quieren ministerios sin renuncias personales. Desean trabajar para el Señor, pero totalmente ocupados en otra cosa más importante para ellos o ellas.

¡Suelta mucho de lo que estás haciendo, para tomar la red que el Señor Jesucristo te quiere dar! ¡Renuncia a tu mundo, para obedecer al llamado celestial! ¡Deja eso para seguir esto! Cuando alguien dice: «Es que no tengo tiempo». Lo que en realidad está diciendo: «Esto no es tan importante para mí, para que yo saque tiempo y lo haga».

Se afirma, «**... y le siguieron**». ¡Eso es obediencia completa! ¡Es entrega total! Simón Pedro y Andrés se rindieron a la voluntad de Jesús de Nazaret, fueron arrestados por su amor y capturados por su llamado.

Decía san Agustín de Hipona en su libro de las *Confesiones*: «Quiero recordar mis pasadas fealdades y las corrupciones carnales de mi alma, no porque las ame, sino por amarte a ti, Dios mío. Por amor de tu amor hago esto (*amore amoris tui facio istuc*), recorriendo con la memoria, llena de amargura, aquellos mis caminos perversísimos, para que tú me seas dulce, dulzura sin engaño, dichosa y eterna dulzura, y me recojas de la dispersión en que anduve dividido en partes cuando, apartado de la unidad, que eres tú, me desvanecí en muchas cosas» (Libro II, I.1).

La Traducción En Lenguaje Actual de las Sociedades Bíblicas Unidas lee la comisión de Jesús, dada a Pedro y Andrés, así: «Síganme. En lugar de pescar peces, les voy a enseñar a ganar seguidores para mí» (Mt. 4:19).

Esa invitación para ganar seguidores para Jesucristo, fue aceptada sin reservas y sin demoras por estos sencillos pescadores del mar de Galilea. Los galileos eran vistos como campesinos y pescadores. Es la misma encomienda para ti y para mí, que ya somos salvos. Tenemos que multiplicarnos en otros. ¡Ganar almas para Jesucristo, debe ser la meta de todo aquel o aquella que ha nacido de nuevo!

A Jesús lo aceptamos como Salvador cuando como almas abatidas por las tormentas de la vida, y ahogándonos en el mar turbulento de este mundo, respondemos en fe a la oferta salvífica del Calvario. Pero a Jesús lo reconocemos como Señor cuando como almas redimidas y reconstruidas en la Fábrica del Calvario, respondemos afirmativamente a su invitación de seguirlo y de ser sus discípulos sin reservas personales.

## Conclusión

Simón Pedro y Andrés, ambos fueron llamados en el mismo lugar, a la misma hora y por la misma persona, Jesucristo. El Señor Jesucristo toma la pasión que teníamos antes y la transforma, al ser llamados para ser sus discípulos, en una pasión mayor. El llamado para seguir a Jesucristo, involucra el dejar muchas cosas para abrazar cosas nuevas.

# 02
# La vocación de Pedro

Lucas 5:10, RVR1960

*«Pero Jesús dijo a Simón: No temas, desde ahora serás pescador de hombres».*

## Introducción

Este relato de Lucas 5:1-11 tiene como escenario el «lago de Genesaret» (Luc. 5:1). Juan 6:1 lo describe como: «Después de esto, Jesús fue al otro lado del mar de Galilea, el de Tiberias» (Jn. 6:1).

Como personaje principal de este relato tenemos a Jesús mismo, como personaje secundario a Simón Pedro (Lc. 5:3-5, 8, 10), y como personajes de apoyo tenemos a los hermanos pescadores Jacobo y Juan (Lc. 5:10).

El argumento de la historia es una noche de pesca sin resultados (Lc. 5:4, 5), pero Simón Pedro en fe creyó y obedeció la palabra del Señor Jesús (Lc. 5:5). La red se llenó de peces y no se rompió (Lc. 5:6).

La tríada de Jacobo, Juan y Pedro solicitaron ayuda de la otra barca (Lc. 5:7), y llenaron de pescados las dos barcas y estuvieron en peligro de hundirse (Lc. 5:7).

Simón Pedro ante Jesús confesó su pecaminosidad (Lc. 5:8), y Jesús le confirió su vocación de ganar seguidores para Él (Lc. 5:10). La historia lucanina termina diciendo que aquellos pescadores «dejándolo todo, le siguieron» (Lc. 5:11).

## 1. El objeto de la pesca

«Aconteció que estando Jesús junto al lago de Genesaret, el gentío se agolpaba sobre él para oír la palabra de Dios. Y vio dos barcas que estaban cerca de la orilla del lago, y los pescadores, habiendo descendido de ellas, lavaban sus redes» (Lc. 5:1-2).

**La atracción de Jesús**: «... el gentío se agolpaba sobre él para oír la palabra de Dios...» (Lc. 5:1). Jesús de Nazaret fue un imán social y espiritual para las multitudes, que se agrupaban alrededor de Él y lo seguían; este es el caso de esta historia.

Aunque Jesús era Dios, en su ministerio terrenal fue siempre un expositor de «la palabra de Dios»; en sus dichos y expresiones Él revelaba la misma, lo que Él decía fue siempre «la palabra de Dios».

Todos podemos hablar «la palabra de Dios», cuando predicamos la Biblia o cuando el Espíritu Santo nos revela la mente y voluntad de Dios mediante el espíritu de la profecía. Pero no todo lo que decimos es «la palabra de Dios», aunque nos basemos en las Sagradas Escrituras. Jesús de Nazaret siempre habló «la palabra de Dios».

Si algo debe atraer a las multitudes debe ser la exposición de «la palabra de Dios». Las manifestaciones espirituales son buenas, estimulan nuestra relación con el Espíritu Santo, pero no pueden ponerse por encima de «la palabra de Dios».

**La observación de Jesús**: «... Y vio dos barcas que estaban cerca de la orilla del lago y los pescadores, habiendo descendido de ellas, lavaban sus redes» (Lc. 5:2).

**La primera disciplina de los pescadores (Lc. 5:2)**: «... y los pescadores, habiendo descendido de ellas, **lavaban sus redes**». Ellos, como pescadores, habían desarrollado la disciplina de su ofició de remendar las redes. Es difícil pescar, según creo, con redes sucias, las redes sucias ahuyentan o alejan a los peces. Como pescadores del reino debemos lavar nuestras redes, tener limpias nuestras vidas.

Los pescadores acababan de bajar de aquellas dos barcas. Tan pronto descendieron se pusieron a lavar las redes, las estaban preparando para la pesca de la noche. La preparación debe anteceder a cualquier trabajo que vayamos a realizar, tanto secular como espiritual.

**La acción de Jesús**: «Y entrando en una de aquellas barcas, la cual era de Simón, le rogó que la apartase de tierra un poco; y sentándose, enseñaba desde la barca a la multitud» (Lc. 5:3).

De las dos barcas, Jesús escogió la barca que pertenecía a Simón Pedro; aquí se le llama por su nombre hebreo «Simón». E inmediatamente le pidió por favor al discípulo que alejara la barca un poco de la orilla. Su petición fue, «... **le rogó**...». Jesús siempre fue y es un Caballero Espiritual en su trato con sus semejantes. No obliga a nadie para que se convierta. Tampoco obliga a nadie para que le sirva.

Jesús de Nazaret entró en la barca de Simón Pedro. Esa barca era la empresa de este discípulo. Y el Señor Jesucristo desea utilizar muchas de nuestras mini o macro empresas como medios o herramientas para que el evangelio y las misiones alcancen a los inconversos.

Allí, se sentó en la barca, y comenzó a enseñar desde la misma. Hizo de esta barca su tarima flotante para impartir su cátedra pedagógica. El buen maestro o predicador del evangelio, enseña desde cualquier lugar a los discípulos. ¿Deseas que Jesús el Galileo, escoja la barca de tu vida para la gran pesca en el mar de este mundo? Déjalo entrar y que se transforme en el Capitán de tu vida.

## 2. La orden de la pesca

«Cuando terminó de hablar, dijo a Simón: Boga mar adentro, y echad vuestras redes para pescar» (Lc. 5:4). Una vez finalizada su enseñanza el Señor Jesús le dio esta orden a Simón Pedro, dueño de la barca para que su barca se metiera más adentro del mar:

**Para los de Genesaret era su lago**: «Aconteció que estando Jesús junto al **lago de Genesaret**, el gentío se agolpaba sobre Él para oír la palabra de Dios» (Lc. 5:1).

**Para los de Tiberias era su mar**: «Después de esto, Jesús fue al otro lado del mar de Galilea, **el de Tiberias**» (Jn. 6:1). «Después de esto, Jesús se manifestó otra vez a sus discípulos junto al **mar de Tiberias**; y se manifestó de esta manera» (Jn. 21:1).

**Para todos era el mar de Galilea**: «Pasó Jesús de allí y vino junto al mar de Galilea; y subiendo al monte, se sentó allí» (Mt. 15:29). «Volviendo a salir de la región de Tiro, vino por Sidón al **mar de Galilea**, pasando por la región de Decápolis» (Mc. 7:31).

Su nombre hebreo es Kineret, de «kinor», que significa arpa y corresponde a la forma de este lago. Su área es 64.09 millas cuadradas, un largo de 13.05 millas con unas 7.45 millas de ancho; su profundidad es de unos 212 a 260 metros con respecto a nivel del mar.

«... **boga mar adentro**...». La buena pesca, la pesca abundante, no se realiza en la orilla sino «mar adentro». El ganador de almas, bogará bien adentro, donde esté la necesidad, donde se encuentre la gente necesitada y hambrienta de Dios, que esperan que alguien con corazón de pescador se atreva a llegar allí.

Muchos se conforman con estar en la orilla. No desean remar a lo profundo. Desean alcanzar todo desde la periferia, desde afuera y no desde «adentro». Es tiempo de profundizar más en la Palabra; de ahondar más en la oración, de meternos bien adentro en el servicio del reino de Dios aquí en la tierra.

La orden de pescar, aunque la barca era de Simón Pedro, le fue dada a él, a Jacobo y a Juan. ¡Ganar almas no es trabajo exclusivo o responsabilidad única del pastor, lo es del co-pastor y de cualquier otro líder, lo es del líder y de los subalternos, lo es de todos los creyentes!

**«... y echad vuestras redes para pescar»**. El carpintero-albañil de experiencia le enseña a los pescadores de experiencia, que la pesca está en lo profundo. Cada uno de nosotros tenemos alguna red que nos pertenece, y el Señor desea que la echemos y que pesquemos. Si predicamos, pesquemos. Si enseñamos, pesquemos. Si somos líderes, pesquemos. Si nuestro trabajo es ministerial, pesquemos. Si nuestro trabajo es secular, pesquemos. A todos se nos ha dado una red y debemos utilizarla obedeciendo la voz de Jesucristo.

Simón Pedro, a pesar de la orden del Maestro, tuvo que admitirle al Señor que esa no fue una noche de pesca. Ya lo habían intentado toda la noche, con malos resultados. Trabajaron mucho pero sin pesca: «Pedro respondió: Maestro, toda la noche estuvimos trabajando muy duro y no pescamos nada. Pero, si tú lo mandas, voy a echar las redes» (Lc. 5:5, TLA).

Aun los más experimentados tendrán sus días sin buenos resultados. Echarán las redes, pero les regresarán vacías. ¡Pero no paremos de echar redes aunque vengan vacías! La perseverancia trae éxito.

Aunque Simón Pedro era un pescador de experiencia, puso la experiencia de lado y declaró por fe: «... **más en tu palabra echaré la red**» (Lc. 5:5). Tenga fe en la palabra del Señor Jesucristo, tenga fe en las promesas de la Biblia, tenga fe confiando que verá milagros en su vida.

Tres echaban la red de cada uno, pero solo Simón Pedro se atrevió a creer la «palabra» de Jesús. Él creyó y obedeció esa «palabra» que alimentaba su fe. ¡Crea en lo que Dios dice en la Biblia, y actué basado en la misma! ¡Muévase en la Palabra y verá resultados por la Palabra!

## 3. El milagro de la pesca

«Y habiéndolo hecho, encerraron gran cantidad de peces, y su red se rompía» (Lc. 5:6).

Simón Pedro se movió en la Palabra y vio un milagro grande de Dios. Su red atrapó una enorme «**cantidad de peces**». Si echamos la red por nuestra cuenta no pescaremos nada. Si la echamos porque Jesús nos ordenó echarla, la pesca será grande, abundante y milagrosa. Llegará el momento en que la red se hará pequeña, parecerá que se quiere romper. Movernos en los principios de Dios traerá grandes resultados.

Vienen días y noches de mucha pesca para muchos que han estado echando la red sin resultados; veo en el espíritu redes llenas, cargadas, que parecen romperse a causa de pescas milagrosas. Aquellos ministerios y congregaciones que se muevan en la Palabra pescarán tanto que otros tendrán que ayudarles y se beneficiaran de su peca.

Era tal la pesca, que los tres discípulos, incluyendo a Simón Pedro, tuvieron que pedir ayuda a los que estaban en la otra barca. De no compartir esa pesca, la misma podía peligrar, llegando de regreso sin nada.

«Entonces hicieron señas a los compañeros que estaban en la otra barca, para que viniesen a ayudarles; y vinieron, y llenaron ambas barcas, de tal manera que se hundían» (Lc. 5:7).

Otras barcas necesitan que les hagamos «**señas**» y que invitemos a otros a compartir la pesca que hemos logrado. Muchos son muy egoístas, si ellos no pueden con la pesca, la dejan escapar pero no la comparten con otros «compañeros».

Veamos esa expresión «**a los compañeros**». No veamos a otros pescadores como competencia, como adversarios, como contrincantes, veámoslos como nuestros «compañeros». Invita a otros «compañeros» a participar de tus bendiciones.

Observemos, «...**para que viniesen a ayudarles**». El orgulloso no pide ayuda cuando la necesita, el humilde pide ayuda. Pescas gigantescas exigen buscar la ayuda de otros. ¡Deja que otros te ayuden! Si no pedimos ayuda la pesca se nos hundirá o nosotros nos hundiremos con ella.

Como resultado ambas barcas se llenaron de la pesca, y las dos parecían «que se hundían». ¡Hubo bendición para todos! Tenemos que compartir la pesca con otros, y nosotros tendremos demás y otros también.

## 4. La confesión por la pesca

«Viendo esto Simón Pedro, cayó de rodillas ante Jesús, diciendo: Apártate de mí, Señor, porque soy hombre pecador» (Lc. 5:8).

Simón Pedro el pescador del lago de Genesaret quedó profundamente impactado por esta pesca milagrosa. Los milagros deben llevarnos a una relación más profunda con el Señor Jesucristo.

Este acontecimiento, según el informe lucanino, produjo un sentido de confesión espiritual en Simón Pedro. Él confesó diciendo: «Apártate de mí, Señor, porque soy hombre pecador». La santidad del Hijo de Dios hizo a Simón Pedro sentirse inadecuado, sucio espiritualmente, ante la presencia de Jesús.

Simón Pedro sintió que el Señor Jesús no podía estar cerca de él. Le pidió que se apartara de su lado. Esto demuestra la sinceridad y necesidad espiritual en este discípulo.

Simón Pedro sintió que era un pecador. Él gritó y dijo: «... **porque soy hombre pecador**». Jesús nos aleja del pecado o el pecado nos aleja de Jesús. Al pescador admitir su condición de pecador, le permitió a Jesús ofrecerle la oferta de su gracia, su misión de amor y los beneficios de su futuro sacrificio en el Calvario.

Cuanto más cercanos estemos de la presencia del Señor Jesucristo, más sentiremos nuestra propia pecaminosidad. La santidad nos hace sentir que necesitamos el perdón y la misericordia de Dios.

Un san Agustín de Hipona en su libro de las *Confesiones*, deja ver su gran necesidad de Dios:

V, 5. ¿Quién me concederá descansar en ti? ¿Quién me concederá que vengas a mi corazón y le embriagues, para que olvide mis maldades y me abrace contigo, único bien mío? ¿Qué es lo que eres para mí? Apiádate de mí para que te lo pueda decir. ¿Y qué soy yo para ti, para que me mandes que te ame y si no lo hago te aíres contra mí y me amenaces con ingentes miserias? ¿Acaso es ya pequeña la misma miseria de no amarte? ¡Ay de mí! Dime, por tus misericordias, Señor y Dios mío, qué eres para mí. Di a mi alma: «Yo soy tu salvación». Que yo corra tras esta voz y te dé alcance. No quieras esconderme tu rostro. Muera yo para que no muera y para que lo vea.

V, 6. Angosta es la casa de mi alma para que vengas a ella: sea ensanchada por ti. Ruinosa está: repárala. Hay en ella cosas que ofenden tus ojos: lo confieso y lo sé; pero ¿quién la limpiará o a quién otro clamaré fuera de ti: De los pecados ocultos líbrame, Señor, y de los ajenos perdona a tu siervo? Creo, por eso hablo. Tú lo sabes, Señor. *¿Acaso no he confesado ante ti mis delitos contra mí, ¡oh Dios mío!, y tú has remitido la impiedad de mi corazón?* No quiero contender en juicio contigo, que eres la Verdad, y no quiero engañarme a mí mismo, para que no se engañe a sí misma mi iniquidad. No quiero contender en juicio contigo, porque si miras a las iniquidades, Señor, ¿quién, Señor, subsistirá? (San Agustín, *Confesiones*, Libro Primero).

La madre Teresa de Calcuta en sus cartas reconoce su indignidad espiritual:

*Dios me está llamando, indigna y pecadora como soy.* Estoy deseando ardientemente darle todo por las almas. Todos van a pensar que estoy loca después de tantos años, por empezar una cosa que me va a acarrear sobre todo sufrimiento; pero Él también me llama a unirme a unas pocas para empezar la obra, combatir al demonio y privarle de las miles de almas pequeñas que está destruyendo cada día. Le he dicho todo como si se lo hubiera dicho a mi madre. *Anhelo sólo ser realmente de Jesús, consumirme completamente por Él y por las almas.* Quiero que Él sea amado tiernamente por muchos. Entonces, si usted cree oportuno, si usted lo desea, estoy lista para hacer la voluntad de Jesús. No se preocupe de mis sentimientos, no cuente el precio que tendré que pagar. Estoy lista, puesto que ya le he dado mi todo. Y si usted piensa que todo esto es un engaño, también lo aceptaría y me sacrificaría completamente (*María Teresa de Calcuta, La Madre de los Pobres,* Nihil Obstat P. Ricardo Rebolleda. Segunda Parte: *Vida Religiosa,* página 33).

Predicando sobre «La Oración de Pedro», Charles Haddon Spurgeon declaró lo siguiente:

Así, entonces, el primer motivo de esta oración es que Pedro sabía que era un hombre, y por tanto, siendo un hombre, se sentía asombrado en presencia de alguien como Cristo. La primera visión de Dios ¡cuán asombrosa es para cualquier espíritu, aunque sea puro! Yo supongo que Dios nunca se reveló completamente, no se podría haber revelado completamente a ninguna criatura, independientemente de cuán elevada fuera su capacidad. El Infinito deja anonadado a lo finito.

Ahora, allí estaba Pedro, contemplando por primera vez en su vida, de una manera espiritual, el sumo esplendor y gloria del poder divino de Cristo. Miró esos peces, y de inmediato recordó la noche de trabajo agotador en la que ningún pez recompensó su paciencia, y ahora los veía en grandes cantidades en la barca, y todo como resultado de este hombre extraño que estaba sentado allí, después de haber terminado de predicar un sermón todavía más extraño, que condujo a Pedro a considerar que nadie antes había hablado así. *No sabía cómo ocurrió, pero se sintió avergonzado; temblaba y estaba asombrado ante esa presencia.* No me sorprende, pues leemos que Rebeca, al ver a Isaac, descendió de su camello y cubrió su rostro con un velo; y leemos que

Abigail, al encontrarse con David, se bajó prontamente del asno y se postró sobre su rostro, diciendo: «¡Señor mío, David!»; y encontramos a Mefi-boset despreciándose en la presencia del rey David, llamándose a sí mismo un perro muerto; no me sorprende que Pedro, en la presencia del Cristo perfecto, se abatiera hasta volverse nada, y en su primer asombro ante su propia nada y la grandeza de Cristo, casi no supiera qué decir, como alguien aturdido y deslumbrado por la luz, perturbado a medias, e incapaz de reunir sus pensamientos y ponerlos en un determinado orden. El mismísimo primer impulso fue como cuando la luz del sol golpea el ojo, y es una llamarada que amenaza con cegarnos. «¡Oh!, Cristo, soy un hombre; ¿cómo podré soportar la presencia del Dios que gobierna a los mismos peces del mar, y obra milagros como este?» (Predicado en el Metropolitan Tabernacle en Londres, el jueves 10 de junio del año 1869).

Mateo 5:9 y 10 enfatiza que a causa de la pesca milagrosa, «**el temor se había apoderado de él, y de todos los que estaban con él**». Este fue un temor contagioso, no de miedo fugitivo, sino de respeto a lo divino, a lo del cielo, a Dios. La fe en Jesús contagió a este grupo de pescadores, que ahora creían por aquella pesca milagrosa en Jesús.

Allí, Jesús tuvo una palabra para Simón Pedro: «**No temas, desde ahora serás pescador de hombres**» (Lc. 5:10). Con esas palabras del Hijo de Dios, Simón Pedro recibió la certificación de su vocación, fue llamado al ministerio, tuvo el encargo de ganar almas y corazones para Jesucristo y para su reino.

En los evangelios descubrimos unos tres llamamientos que Jesús de Nazaret le hizo a sus primeros discípulos, los pescadores del Lago de Tiberias:

**Primer llamamiento**: «Andrés, hermano de Simón Pedro, era uno de los dos que habían oído a Juan, y habían seguido a Jesús. Este halló primero a su hermano Simón, y le dijo: Hemos hallado al Mesías (que traducido es, el Cristo). Y le trajo a Jesús. Y mirándole Jesús, dijo: **Tú eres Simón, hijo de Jonás; tú serás llamado Cefas** (que quiere decir, Pedro )» (Jn. 1:40-42).

**Segundo llamamiento**: «Andando Jesús junto al mar de Galilea, vio a dos hermanos, Simón, llamado Pedro, y a Andrés su hermano, que echaban la red en el mar, porque eran pescadores. Y les dijo: **Venid en pos de mí, y os haré pescadores de hombres**. Ellos entonces, dejando al instante las redes, le siguieron. Pasando de allí, vio a otros dos hermanos, Jacobo hijo de Zebedeo, y Juan su hermano, en la barca con Zebedeo su padre, que remendaban sus redes, y los llamó. Y ellos, dejando al instante la barca y a su padre, le siguieron» (Mt. 4:18-22).

**La segunda disciplina de los pescadores (Mt. 4:21)**: «... remendaban sus redes». Interesante que aquí se diga que los hijos de Zebedeo, Jacobo y Juan, «remendaban sus redes».

**Las redes del evangelismo se tienen que remendar.** Aquellas redes eran sus implementos de trabajo y tenían que arreglarlas. Una red rota aunque haya servido de mucho, puede ser también una manera de perder parte de la pesca. Se deben revisar los métodos y ver donde hay un agujero por donde los peces se puedan escapar.

**Aplicación espiritual.** Se nos hará muy difícil atrapar en la red del evangelismo a peces del mundo, cuando nuestra propia red tiene agujeros. Y eso se puede aplicar al testimonio personal, a la conducta personal y a nuestro comportamiento público.

**Las redes del evangelismo se tienen que lavar.** Anteriormente se dijo que otros dos discípulos «... lavaban sus redes» (Lc. 5:2).

Una red sucia, con olor a peces muertos, aleja a los peces vivos. Una red que no se lava pierde poco a poco su resistencia y se llega a pudrir. Una red que no se lava puede atraer ratones. Una red que no se lava traerá mal olor a la barca. Todo ejercicio de evangelismo tiene que tener frescura, innovación; actualización.

**Aplicación espiritual.** Nosotros, como esas redes, tenemos que mantenernos limpios. No podremos ser efectivos para pescar almas-peces si nuestras vidas no están consagradas y santificadas.

**Tercer llamamiento**: «Entonces hicieron señas a los compañeros que estaban en la otra barca, para que viniesen a ayudarles, y vinieron, y llenaron ambas barcas, de tal manera que se hundían. Viendo esto, Simón Pedro cayó de rodillas ante Jesús, diciendo: Apártate de mí, Señor, porque soy hombre pecador. Porque por la pesca que habían hecho, el temor se había apoderado de él, y de todos los que estaban con él, y asimismo de Jacobo y Juan, hijos de Zebedeo, que eran compañeros de Simón. Pero Jesús dijo a Simón: **No temas; desde ahora serás pescador de hombres.** Y cuando trajeron a tierra las barcas, dejándolo todo, le siguieron» (Lc. 5:7-11).

Aquel reconocido pescador de peces del mar de Galilea llamado Simón Pedro, ahora por la palabra del Gran Maestro, se transformó en un «pescador de hombres». Su pesca ahora era humana, su mar era el mundo y su red la proclamación del evangelio del reino.

Jesucristo está buscando a hombres y a mujeres con temor de Dios para transformarlos en ganadores de almas, en pescadores de corazones, en rescatadores de vidas necesitadas. El llamado del Señor puede ser donde trabajamos. Para Simón Pedro fue en una barca. ¿Dónde te llamará a ti? ¿Dónde te quiere trabajando a ti?

## Conclusión

Jesús está buscando alguna barca disponible para entrar a la misma. Si queremos una buena pesca, tenemos que bogar mar adentro. Pedir la ayuda de otros, cuando la pesca es grande, es provechoso. Los milagros de Jesucristo deben producir en los creyentes temor reverente.

# 03
# La suegra de Pedro

Mateo 8:14-15, RVR1960

*«Vino Jesús a casa de Pedro, y vio a la suegra de este postrada en cama, con fiebre.*
*Y tocó su mano, y la fiebre la dejó; y ella se levantó, y les servía».*

## Introducción

El relato mateíno, al igual que el marconiano (Mc. 1:29-31) y el lucanino (Lc. 4:38-39), prestan especial atención a la suegra de Simón Pedro, indicándose con esto que si este apóstol tenía suegra, es porque tenía esposa. De todos los discípulos de Jesucristo, el único cuya suegra recibe mención honorífica en el evangelio, es Pedro.

La suegra de Simón Pedro aparece viviendo en la casa él. Estaba enferma de cama y fue sanada de una fiebre por el toque de Jesús, sirviendo luego a los discípulos. Con esto te invito a que juntos tratemos de penetrar en esta historia y ver que descubrimos que sea provechos para nosotros.

## 1. La suegra de Simón Pedro

«Vino Jesús a casa de Pedro, y vio a la suegra de este postrada en cama con fiebre» (Mt. 8:14).

En mis 31 viajes a Israel, he visto en las ruinas de Capernaum, frente a la entrada principal de la sinagoga que lleva ese nombre, una capilla erguida con forma de barca sobre las ruinas de un antiguo templo octogonal de piedra, que llegó a ser un santuario católico en la antigüedad. A los turistas y peregrinos se les enseña que allí pudo haber sido la casa de Pedro, donde este vivía con la suegra además de la esposa. En esas ruinas hay evidencia arqueológica con hallazgos de pescadores, y de iglesias bizantinas de los primeros siglos.

«Al salir **de la sinagoga, vinieron a casa de Simón y Andrés,** con Jacobo y Juan» (Mc. 1:29).

«Entonces Jesús se levantó y **salió de la sinagoga, y entró en casa de Simón.** La suegra de Simón tenía gran fiebre, y le rogaron por ella» (Lc. 4:38).

La referencia mateína sobre la suegra de Simón Pedro y la indicación de Pablo de Tarso al referirse a algunos apóstoles casados e incluir a Pedro, son afirmaciones positivas al estado civil de dicho apóstol. Pablo, con una interrogante, nos deja saber que los apóstoles, los hermanos del Señor y Cefas, como él llamaba a Simón Pedro, tenían esposas creyentes que los acompañaban en los viajes ministeriales.

«¿No tenemos derecho a traer con nosotros *una hermana por mujer* como también los otros apóstoles, y los hermanos del Señor, y Cefas?» (1 Cor. 9:5).

«¿No tenemos derecho a llevar con nosotros a *una esposa creyente* como lo hacen los demás apóstoles y los hermanos del Señor y como lo hace Pedro?» (NTV).

«¿Acaso no tenemos derecho a llevar con nosotros *una esposa creyente*, así como los demás apóstoles y los hermanos del Señor y Cefas?» (LBLA).

Según Clemente de Alejandría, uno de los Padres de la Iglesia, Simón Pedro estuvo casado, tuvo una hija y su esposa murió como mártir. Demostrar que Simón Pedro estuvo casado vindica la institución del matrimonio y protesta contra la dogmática célibe del catolicismo romano.

Eusebio de Cesarea nos dice: «Dicen que el bienaventurado Pedro, *al ver que su misma esposa era llevada a muerte*, se gozó gracias a su llamado y su vuelta a casa, y alzó su voz en gran manera a fin de estimularla y de consolarla, dirigiéndose a ella por su propio nombre: 'Oh, tú, recuerda al Señor'. Así era el matrimonio de los dichosos y la índole de los más amados» (*Historia Eclesiástica*).

Pero la teología católica romana, descarta que Simón Pedro haya continuado casado después de ser llamado por Jesús de Nazaret. Sus Biblias Católicas traducen 1 Corintios 9:5, de esta manera:

En la Biblia Latinoamericana se rinde: «¿No tenemos derecho a llevar con nosotros *una mujer cristiana*, como hacen los demás apóstoles, los hermanos del Señor y el mismo Pedro?» (BLPH). Los traductores católicos transforman «una hermana por mujer» o «una esposa creyente», o como traducen los protestante por «*alguna mujer hermana en Jesucristo*» (Versión Felix Torres Amat); «*una mujer cristiana*» (Biblia de Jerusalén).

En la historia del Papado encontramos muchos Papas que estuvieron casados: Papa Félix III, años 483-492 (tuvo dos hijos). Papa Hormidas, años 514-523 (tuvo un hijo). Papa Silverio, años 536-537 (no tuvo hijos). Papa Adriano II, años 867-872 (tuvo una hija). Papa Clemente IV, años 1265-1268 (tuvo dos hijas). Papa Félix V, años 1439-1449 (tuvo un hijo). Papa Félix V (1439-1449) (tuvo un hijo). Papa Inocencio VIII, años 1484-1492 (tuvo varios hijos). Papa Alejandro VI, años 1492-1503 (tuvo hijos). Papa Julio, años 1503-1513 (tuvo tres hijas). Papa Pablo III, años 1534-1549 (tuvo dos hijos y una hija). Papa Pío IV, años 1559-1565 (tuvo tres hijos). Papa Gregorio XIII, años 1572-1585 (tuvo un hijo)

Hubo Papas que fueron hijos de otros Papas o de clérigos y tuvieron hijos ilegítimos. El 22 de noviembre del año 1563, el Concilio de Trento decretó el celibato con estas afirmaciones:

«Si alguno dijera que los clérigos constituidos en sagradas órdenes o regulares, que han hecho una profesión solemne de castidad, pueden contraer matrimonio, y que dicho matrimonio es válido a pesar de la ley eclesiástica o el voto; y que lo contrario no es más que una condena del matrimonio; y que todos los que piensan que no tienen el don de la castidad, aunque hayan hecho dicho voto, pueden contraer matrimonio, sea anatema, pues Dios no se rehúsa conceder ese don a los que lo piden con rectitud, ni 'permite que seamos tentados por encima de nuestras fuerzas'» (1 Cor. 10:13).

La información de 1 Corintios 9:5 demuestra que había apóstoles casados, incluyendo a Simón Pedro, quienes eran acompañados por sus esposas en los viajes misioneros.

Las suegras (no los suegros) son vistas por lo general como rellenos y adornos verbales de reuniones o conversaciones. Incluso los evangélicos expresan chistes de las suegras. Un chiste evangélico dice: «¿Por qué negó Pedro al Señor Jesucristo? Porque Jesús le sanó a la suegra».

Ministrando en Nashville, Tennessee, fui a un restaurante salvadoreño, con mis amigos el Pastor venezolano Víctor Gómez y el Pastor salvadoreño Iván de la Torre. Allí vi un cuadro que decía: «Mi suegra es la mejor de todas las suegras».

Lo interesante de la información familiar que ofrece Mateo acerca de Simón Pedro, es dejarnos saber que el discípulo tenía una suegra que vivía con él (también su esposa) en Capernaum. Andrés el hermano de Simón Pedro vivía con ellos. La suegra de Simón Pedro era viuda por lo que se entiende que se fue a vivir en la casa de su yerno. Una viuda mayor quedaba a la merced de sus hijos.

Noemí de Belén se había quedado viuda; en su regreso a Belén sabía de las penurias que le podían aguardar como viuda, por eso le dio un consejo a sus nueras, que aunque viudas tenían a sus madres y tenían la oportunidad de volverse a casar.

«Sin embargo, ya puestas en camino, Noemí les dijo a sus dos nueras: **Vuelva cada una a la casa de su madre**, y que el SEÑOR las recompense por la bondad que mostraron a sus esposos y a mí. **Que el SEÑOR las bendiga con la seguridad de un nuevo matrimonio.** Entonces les dio un beso de despedida y todas se echaron a llorar desconsoladas. No −le dijeron−, queremos ir contigo a tu pueblo» (Rut 1:8-10, NTV).

«Todavía no habían caminado mucho cuando **Noemí les dijo: Mejor regresen a vivir con sus familias.** Que Dios las trate bien, como ustedes me han tratado a mí y trataron a mis hijos. **Pido a Dios que les permita casarse otra vez y formar un nuevo hogar.** Noemí se despidió de ellas con un beso, pero Orfá y Rut empezaron a llorar y a decirle: ¡No queremos separarnos de ti! ¡Por favor, déjanos ir contigo y vivir entre tu gente!» (Rut 1:8-10, TLA).

Pero un día la querida suegra de Simón Pedro, su segunda mamá, se le enfermó y no pudo levantarse de la cama porque estaba postrada «con fiebre». Jesús que frecuentaba la casa de su discípulo vio enferma a su suegra. Él mira a nuestros familiares enfermos y cuando llega a nuestro hogar quiere traer la sanación.

Suegras y nueras, yernos y suegras, nueras y suegras, yernos y suegras, buscan la reconciliación, perdónense y ámense. ¡Caminen las dos millas adicionales de la amistad! Es imposible amar a la pareja y no a su familia o amar a los hijos y no a su pareja, los dos son «una sola carne» (refiriéndose al matrimonio).

Jesús dejó las multitudes en Capernaum para ministrar a una sola persona, a la suegra de su discípulo hospitalario. ¿Cuántos tenemos que sepáranos de la mucha actividad para suplir la necesidad de una sola persona?

## 2. El toque a la suegra de Simón Pedro

«Y tocó su mano, y la fiebre la dejó...» (Mt. 8:15).

**«Y tocó su mano...».** Un toque divino de Jesús sanó a la enferma, la levantó, la restauró. Muchos miembros de la familia necesitan un toque de Jesús para muchas de las fiebres o calenturas emocionales y sentimentales que de tiempo en tiempo le dan.

La suegra de Simón Pedro estaba postrada en cama con fiebre. A gente postrada, imposibilitada, incapacitada, desahuciada, Jesús el Nazareno los quiere visitar para levantarlos, darles esperanza, sanarlos, restaurarlos. ¡Hay un milagro esperando para ellos!

Lucas 1:38 dice que **«tenía una gran fiebre»** y el Maestro simplemente le tocó en la mano. Ese toque fue el antídoto, la medicina que hizo desaparecer aquella fiebre. ¡Déjate tocar por la mano del Señor Jesucristo!

Muchas cosas y muchos problemas tienen que desaparecer de las familias de aquellos y aquellas que han sido llamados a ser discípulos de Jesucristo. Pero para que eso ocurra Jesús tiene que ser invitado a estar en nuestros hogares y dejar que sea Él quien se encargue de tocar lo que está enfermo.

Jesús nunca tuvo que sanar a ninguno de sus doce apóstoles. Los relatos de los evangelios no hablan de los apóstoles de la Dódeka enfermos. Eso no significa que no hayan enfermado alguna vez, pero nunca enfermaron al extremo de necesitar un milagro de sanación.

¿Enfermó Jesús alguna vez? Los evangelios no mencionan que estuvo enfermo. Aunque en la cruz llevó nuestras enfermedades, dolores y pecados.

Aunque parece que Jesús hizo alusión a estar enfermo, no estaba enfermo. Él predijo un refrán por parte de la gente de Nazaret: «Él les dijo: Sin duda me diréis este refrán: Médico, cúrate a ti mismo; de tantas cosas que hemos oído que se han hecho en Capernaum, haz también aquí en tu tierra» (Lc. 4:23).

**Jesús llevó nuestras enfermedades**: «Ciertamente llevó él nuestras enfermedades, y sufrió nuestros dolores, y nosotros le tuvimos por azotado, por herido de Dios y abatido. Mas él fue herido por nuestras rebeliones, molido por nuestros pecados; el castigo de nuestra paz fue sobre él, y por su llaga fuimos nosotros curados» (Is. 53:4-5).

**Jesús llevó nuestros pecados**: «Él mismo llevó nuestros pecados en su cuerpo sobre el madero, para que nosotros, estando muertos a los pecados, vivamos a la justicia; y por cuya herida fuisteis sanados» (1 P. 2:24).

No hay indicio bíblico de que haya sido Simón Pedro o su esposa, quienes hayan pedido la ministración del Sanador de la Galilea. Pero al Señor Jesús no se le tiene que pedir que haga algo, Él ve la necesidad y actúa sobre ella. A Él le interesa el bienestar de los nuestros. Con su visita a nuestra casa viene la esperanza, viene la sanación, viene el milagro y llega la felicidad. Para esos familiares difíciles tengamos al Carpintero de la Galilea presente.

Un coro pentecostal de los años 70 dice: «Jesús pasa por aquí, déjalo que te toque para que llegue la bendición». Efectivamente así es, cuando pasa Jesús y toca algo bueno siempre pasa. Nuestro hogar es un «dulce hogar». Cuando Jesús lo alumbra es un hogar con luz. Cuando Jesús lo endulza es un hogar dulce. Cuando Él pone la paz es un hogar en paz.

**«... Y la fiebre la dejó...».** Al toque sanador de Jesús, aquella fiebre que no bajaba la temperatura en el cuerpo de la suegra de Simón Pedro bajó y se normalizó en ella. Con su toque muchas cosas se dejan y se van.

## 3. El agradecimiento de la suegra de Simón Pedro

«... y ella se levantó, y le servía» (Mt. 8:15).

La enferma sanada se transformó en servidora, en ayudante de los demás. Aquel toque de sanación de poder mesiánico, de fuerza liberadora, la liberó, y la suegra de Simón Pedro **«se levantó»**. La mano de Jesús levanta y restaura. Nuestra familia para ser restaurada, necesita de un ministerio de restauración por parte del Jesús glorificado.

Espiritualmente se debe levantar el suegro, la suegra, el yerno, la nuera, los hijos, los nietos, toda la familia. ¡Tiempos de restauración han llegado para la familia! El restaurador se llama Jesús de Nazaret.

Ella estaba muy agradecida, ¿y de qué forma expresarlo? La respuesta es, «y le servía». ¿A quién servía? Servía al que la sanó, al que la tocó, al que hizo que ella se levantara. Si Jesús ha hecho o hace algo por ti y por mí, nosotros tenemos que hacer algo por Él sirviéndole.

Nuestro servicio a Él y a su obra, es la mejor manera de decirle que estamos agradecidos: ¡Gracias Señor por lo que has hecho en mí! ¡Te sirvo porque me serviste en mi situación, me serviste en mi necesidad y me serviste en mi enfermedad!

El ministerio más grande en la Iglesia de Jesucristo es el de servir al Nazareno y servir a otros. El ministerio de manos obrando, de pies caminando, de bocas hablando, de oídos escuchando, de ojos viendo, es un imperativo cristiano. Préstale tus manos, tus pies, tus ojos, tus oídos y tu boca al Gran Maestro, y Él se glorificará por medio de ti.

**«... Y ella le servía».** ¡Qué mujer agradecida! Fue ayudada y ahora es la que ayuda. La falta de agradecimiento es la más grande indiferencia de cualquiera que se haya beneficiado de otra persona. Ella tuvo iniciativa propia, no se lee que Pedro se lo ordenara, ella lo sintió y lo ejecutó. Se levantó para servir a Jesús.

¿Cómo se llamó la suegra de Simón Pedro? No lo sabemos. ¿Cómo se llamó la esposa de Simón Pedro? No lo sabemos. Tradiciones de los siglos II, III y IV, le dan el nombre de **Petronila** a una supuesta hija de Simón Pedro. El femenino de **Pedro** es **Petra** o **Petronila**. La Iglesia Católica Romana venera a esa hija de Simón Pedro, que según ellos fue una mártir virgen del siglo I.

El más alto nivel del servicio en la obra del Señor Jesucristo, está en servirle a Él y a su obra, y no en ser servido. El ser servido es el nivel más bajo del servicio. Durante el ministerio de Jesús de Nazaret hubo mujeres que lo sostuvieron con sus recursos y lo siguieron, unas en Galilea y oras en Jerusalén.

«También había algunas mujeres mirando de lejos, entre las cuales estaban *María Magdalena, María la madre de Jacobo el menor y de José, y Salomé*, quienes, cuando él estaba en Galilea, *le seguían y le servían; y otras muchas* que habían subido con él a Jerusalén» (Mc. 15:40-41).

«Aconteció después, que Jesús iba por todas las ciudades y aldeas, predicando y anunciando el evangelio del reino de Dios, y los doce con él, y algunas mujeres que habían sido sanadas de espíritus malos y de enfermedades: *María, que se llamaba Magdalena*, de la que habían salido siete demonios; *Juana, mujer de Chuza*, intendente de Herodes, y *Susana*, y otras muchas que le servían con sus bienes» (Lc. 8:1-3).

## Conclusión

¿En que tú y yo podemos servirle a Él? ¿Qué trabajo en la Iglesia Él puede necesitar que nosotros hagamos? ¿Qué nos gustaría hacer para servirle a Él? ¿Cómo podemos motivar a otros en el servicio a Jesucristo?

# 04
# El envío de Pedro

Mateo 10:5-6, RVR1960

*«A estos doce envió Jesús, y les dio instrucciones, diciendo: Por camino de gentiles no vayáis, y en ciudad de samaritanos no entréis, sino id antes a las ovejas perdidas de la casa de Israel».*

## Introducción

El capítulo 10 de Mateo en toda su entereza se concentra en la elección o selección de los doce discípulos (Mt. 10:1-4); en el envío de los doce discípulos (Mt. 10:5-15); en la prueba de los doce discípulos (Mt. 10:16-25); y en el valor de los doce discípulos (Mt. 10:26-32). Sin quitar el significado (Mt. 10:34-39) y la recompensa de ser un seguidor de Él (Mt. 10:40-42).

«No penséis que he venido para traer paz a la tierra; no he venido para traer paz, sino espada. Porque he venido para poner en disensión al hombre contra su padre, a la hija contra su madre, y a la nuera contra su suegra; y los enemigos del hombre serán los de su casa. El que ama a su padre o madre más que a mí, no es digno de mí; el que ama a su hijo o hija más que a mí, no es digno de mí; y el que no toma su cruz y sigue en pos de mí, no es digno de mí. El que halla su vida, la perderá; y el que pierde su vida por causa de mí, la hallará» (Mt. 10:34-39).

«El que a vosotros recibe, a mí me recibe; y el que me recibe a mí, recibe al que me envió. El que recibe a un profeta por cuanto es profeta, recompensa de profeta recibirá; y el que recibe a un justo por cuanto es justo, recompensa de justo recibirá. Y cualquiera que dé a uno de estos pequeñitos un vaso de agua fría solamente, por cuanto es discípulo, de cierto os digo que no perderá su recompensa» (Mt. 10:40-42).

A sus discípulos Jesucristo no les encubrió nada de lo que implicaba ser llamados y ser enviados. No entraron a un ministerio diciendo: «Yo no lo sabía». Aunque todo lo dicho por Jesús de Nazaret fue general a los discípulos, solamente se aplicará sobre Simón Pedro a causa de la temática bajo consideración en esta serie de sermones.

## 1. La capacitación de los discípulos

«Entonces llamando a sus doce discípulos, les dio autoridad sobre los espíritus inmundos, para que los echasen fuera, y para sanar toda enfermedad y toda dolencia» (Mt. 10:1).

Simón Pedro, al igual que los otros discípulos, fue llamado y capacitado para realizar la obra del ministerio. Un llamado genuino para el ministerio y una capacitación espiritual para la realización del mismo, son requisitos para emprender por Él cualquier misión.

Esa «**autoridad**» dada por el Señor, en el griego se emplea la palabra «**exousian**», es un poder de actuar. A Simón Pedro y a los otros, el Mesías Jesús «**les dio autoridad**», su autoridad no se originaba en ellos mismos, sino que les fue delegada por el Maestro. La diferencia entre dar autoridad es que se delega; pero entregar autoridad es que se renuncia a la misma.

Esa «**autoridad**» implicaba un poder liberador sobre los espíritus inmundos, para que los echasen fuera. Ese poder de liberar a los oprimidos espirituales se ejerce con autoridad espiritual. Es para todo creyente que está en Cristo Jesús y que Cristo Jesús esta con él o con ella. Con los demonios no se juega espiritualmente, a estos se les tiene que echar fuera.

Vemos a muchos liberacionistas espirituales, se las pasan demonizando a los creyentes con interpretaciones disparatadas y luego programándolos con supuestos efectos. Así luego los liberan, diciéndoles que tosiendo y vomitando serán liberados. Con la liberación espiritual no se pueden hacer circos exorcistas, ni espectáculos religiosos. Desde luego, creyentes inmaduros en la fe y analfabetos en el conocimiento de la Biblia, son más receptivos a este tipo de experiencias. Lo místico y lo sensacional atrae a muchos, que andan en busca de experiencias «ungidas».

Esa «**autoridad**» dada a los discípulos implicaba un poder «para sanar toda enfermedad y dolencia». Aunque Jesús, El Sanador, estaba con Simón Pedro y los otros discípulos, les delegó a ellos ese poder de ministrar sanación o curaciones sobrenaturales a los que las necesitaban.

Esa «**autoridad**» de liberación y de sanación espiritual que al inicio de su ministerio recibió Pedro y los otros once, se ratificó como parte de los otros discípulos, y de la iglesia en general, después de la ascensión de Cristo.

En Marcos 16:17-18 leemos: «Y estas señales seguirán a los que creen: En mi nombre echarán fuera demonios; hablarán nuevas lenguas; tomarán en las manos serpientes, y si bebieren cosa mortífera, no les hará daño; sobre los enfermos pondrán sus manos, y sanarán».

El mismo poder que tubo Jesús de Nazaret, Él lo ha delegado a su Iglesia: «Cuanto a Jesús de Nazaret, cómo le ungió Dios de Espíritu Santo y de potencia, el cual anduvo haciendo bienes, y sanando a todos los oprimidos del diablo, porque Dios era con él» (Hch. 10:38).

La Iglesia ha sido empoderada para actuar en el nombre de Jesús de Nazaret, libertando y sanando a los necesitados. Ese equipo de señales seguiría en la iglesia.

## 2. La Instrucción a los discípulos

«A estos doce envió Jesús, y les dio instrucciones, diciendo: Por camino de gentiles no vayáis, y en ciudad de samaritanos no entréis, sino id antes a las ovejas perdidas de la casa de Israel» (Mt. 10:5-6).

En Mateo 10:2 leemos «Y los nombres de los doce apóstoles son estos: el primero, Simón, que es dicho Pedro, y Andrés su hermano; Jacobo, hijo de Zebedeo, y Juan su hermano; Felipe, y Bartolomé; Tomás, y Mateo el publicano; Jacobo hijo de Alfeo, y Lebeo, por sobrenombre Tadeo; Simón el Cananita, y Judas Iscariote, que también le entregó» (Mt. 10:2-4).

Entre los doce el apóstol Pedro gozaba de preeminencia, de un primer lugar, de ser mencionado primero en la lista de los discípulos (Lc. 6:13-14). Simón Pedro sobresalió y se hace destacar en los relatos de los evangelios y el libro de los Hechos.

A estos doce que Jesús llamó después de haber pasado una noche en oración (Lc. 6:12), y haberlos escogido «**también los llamó apóstoles**» (Lc. 6:13). No se puede negar que hubo doce apóstoles, un apóstol llamado Pablo, Jacobo el hermano del Señor y otros que fueron llamados apóstoles en el Nuevo Testamento.

En siglos posteriores se han visto las señales apostólicas sobre muchos. Pero desde que Peter Wagner comenzó a publicar sus libros sobre la nueva reforma apostólica, la unción apostólica, el llamado apostólico, muchos comenzaron a renunciar a su título de pastor por el de apóstol.

¡El uso del título apóstol o la ceremonia religiosa para reconocer como apóstoles a alguien, no lo hace apóstol. El apóstol es uno que es «enviado» con una misión específica y con unas credenciales espirituales en representación de Jesucristo. Ese título de apóstol confunde al mundo que tradicionalmente asocia el mismo con los Doce o Dódeka (Δώδεκα).

El escritor Alfonso Ropero nos dice: «A juzgar por el empleo de la época, el 'apóstol' no es en primer lugar un misionero o un hombre del Espíritu, ni siquiera un testigo, sino un 'emisario', un 'delegado', un 'embajador plenipotenciario'. El sustantivo *apóstolos* aparece 80 veces el NT: 35 en las diversas cartas paulinas, incluidas las pastorales y la carta a los Hebreos; 34 en Lucas (6 en el Evangelio y 28 en los Hechos); 2 en Marcos, y una sola en Mateo (10:2). También una sola y con sentido bastante vago en Juan (13:16) y tres en el Apocalipsis (2:2; 18:20; 21:14)» (*Gran Diccionario Enciclopédico de la Biblia*, Barcelona 2010).

Así como tenemos a pastores sin pastorados, tenemos a muchos apóstoles sin apostolados y muchos apostolados que no se les reconocen como apóstol. El título no hace al apóstol, sino el apóstol hace el título. Es tiempo ya de dejar de jugar a ser apóstol, y tomar en serio el trabajo del apostolado en la obra del Señor Jesucristo.

Hagamos el trabajo de apóstoles aunque no empleemos el título. Es más importante la función que el título. Al principio el uso del título apóstol por parte de líderes pentecostales, era algo que molestaba, incomodaba, no cuadraba con nuestras posiciones conservadoras, pero como ya es algo rutinario ser apóstol, lo puede ser cualquiera, nos hemos ido acostumbrando al mismo.

¡Y señores y señoras, no nos olvidemos que no hay nada mayor, más noble, y de más bendición que ser llamado Pastor o Pastora por las ovejas! Es un título que dignifica, levanta, nos engrandece y nos recuerda nuestro llamado y asignación frente a un rebaño.

«Quiero darles un consejo a los líderes de la iglesia. Yo también soy líder como ellos, y soy testigo de cómo sufrió Cristo. Además, cuando Cristo regrese y muestre lo maravilloso que es Él, disfrutaré de parte de su gloria. Mi consejo es el siguiente: Cuiden ustedes de las personas que Dios dejó a su cargo, pues ellas pertenecen a Dios. Cuídenlas, como cuida el pastor a sus ovejas. Háganlo por el gusto de servir, que es lo que a Dios le agrada, y no por obligación ni para ganar dinero. No traten a los que Dios les encargó como si ustedes fueran sus amos, más bien, procuren ser un ejemplo para ellos. Así, cuando regrese **Cristo, que es el Pastor principal**, ustedes recibirán un maravilloso premio que durará para siempre» (1 P. 5:1-4, TLA).

La misión de los doce o la Dódeka era: «... antes a las ovejas perdidas de la casa de Israel» (Mt.10:5). Ministrarían entre los suyos, sus contemporáneos, su pueblo. No fueron comisionados en esa etapa, ni a los gentiles, ni a los samaritanos (Mt. 10:5). Aunque el Mesías Jesús durante su ministerio se mostró a favor de los samaritanos y de los gentiles.

«Pues sus discípulos habían ido a la ciudad a comprar de comer. La mujer samaritana le dijo: ¿Cómo tú, siendo judío, me pides a mí de beber, que **soy mujer samaritana? Porque judíos y samaritanos no se tratan entre sí**» (Jn. 4:8-9).

«Respondiendo Jesús, dijo: Un hombre descendía de Jerusalén a Jericó, y cayó en manos de ladrones, los cuales le despojaron, e hiriéndole, se fueron, dejándole medio muerto. Aconteció que descendió un sacerdote por aquel camino, y viéndole, pasó de largo. Asimismo un levita, llegando cerca de aquel lugar, y viéndole, pasó de largo. **Pero un samaritano, que iba de camino,** vino cerca de él, y viéndole, fue movido a misericordia, y acercándose, vendó sus heridas, echándoles aceite y vino, y poniéndole en su cabalgadura, lo llevó al mesón, y cuidó de él. Otro día al partir, sacó dos denarios, y los dio al mesonero, y le dijo: Cuídamele, y todo lo que gastes de más, yo te lo pagaré cuando regrese. ¿Quién, pues, de estos tres te parece que fue el prójimo del que cayó en manos de los ladrones? Él dijo: el que usó de misericordia con él. Entonces Jesús le dijo: ve, y haz tú lo mismo» (Lc. 10:30-37).

El Dr. Martin Luther King, Jr., presentó una posible razón o excusa para que el sacerdote y el levita no se detuvieran para ayudar a aquella víctima de un atraco en uno de los más peligrosos caminos de la antigüedad:

Éstas pueden ser unas posibles razones de su renuncia a detenerse, pero aún existe otra razón, muy a menudo olvidada: tuvieron miedo. El camino de Jericó era un camino peligroso. Cuando mi mujer y yo visitamos Tierra Santa, alquilamos un coche e hicimos el trayecto de Jerusalén a Jericó. Mientras pasábamos lentamente por aquel camino sinuoso y accidentado, le dije a mi mujer: «Ahora comprendo porqué Jesús escogió este camino para situar su parábola». Jerusalén está situada a unos seiscientos metros sobre el nivel el mar, y Jericó a unos trescientos metros por debajo. El descenso se hace en menos de treinta Kilómetros. Muchos virajes bruscos facilitan las emboscadas y exponen al viajero a ataques imprevisibles.

En otra época se le conocía por «El paso de la sangre». Por tanto, es posible que el sacerdote y el levita tuviesen miedo de ser atacados también si se detenían. Es posible que aún estuvieran cerca los ladrones. Y el herido, ¿podría ser un falso herido que intentaba atraer a los viajeros a su alcance para atacarlos rápidamente y sin esfuerzo? Imagino que el sacerdote y el levita se hicieron antes esta pregunta: «¿Qué me sucederá si me detengo para ayudar a este hombre?».

En razón a su preocupación, el buen samaritano invirtió la pregunta: «¿Qué le sucederá a este hombre si no me detengo a ayudarlo?». El buen samaritano estaba comprometido en un altruismo peligroso. (*La Fuerza de Amar*, Acción Cultural Cristiana, Madrid 1999, pg. 34).

Henry Van Dyke (1852-1933), predicador y poeta, escribió una fábula titulada: *El Rey Mago que nunca llegó*. En la misma presenta a un cuarto mago llamado Artabán que no pudo llegar a tiempo a encontrarse con los otros magos para ver al niño Jesús, por estar ayudando a alguien. Artabán tenía tres gemas para llevarle al niño rey; una era azul, vendió el zafiro para comprar camellos y alimento para la travesía; vendió el rubí para proteger la vida de un infante y le entregó la perla a una joven a la que querían vender como esclava, para que ella pagara su rescate. Al final, viejo, cansado y moribundo, se encontró con el Mesías Rey. La última parte de esta fábula del *Rey Mago que nunca llegó* nos cuenta:

Mientras Artabán hablaba, la oscuridad se había hecho más densa y fuertes temblores sacudían la Tierra. Las paredes de las casas vacilaban, sus piedras caían destrozadas y nubes de polvo henchían el aire. Los soldados aterrorizados, huyeron. Pero el mago y la muchacha permanecían, agazapados e impotentes, al pie de los muros del Pretorio. ¿Qué tenía él ya que perder? ¿Qué razón le quedaba para vivir? Se había desprendido de su postrera esperanza de encontrar al Rey. Su búsqueda había terminado, y había terminado en fracaso. Pero aun este pensamiento, que aceptaba y acogía le traía paz. No era resignación. Sentía que todo estaba bien, porque día a día había sido fiel a la Luz que se le había otorgado y si el fracaso era cuanto había alcanzado, sin duda era por ser este lo mejor. Si pudiera volver a hacer su vida, no podría ser de otra suerte.

Una nueva y prolongada sacudida de la Tierra arrancó una pesada losa del techo que golpeó al anciano en la sien. Quedo tendido y la sangre manaba de su herida. La joven se inclinó sobre él, temerosa de que hubiera muerto. Se oyó una voz que llegó a través del crepúsculo, pero la muchacha no alcanzó a entender lo que decía.

Los labios del anciano se movieron como respondiendo, y la joven esclava le oyó decir en la lengua de parta:

«Señor, ¿Cuándo te vimos hambriento, te dimos de comer; o sediento y te dimos de beber? ¿Cuándo te vimos enfermo o en la cárcel, y fuimos a verte? Durante treinta y tres años te busqué, pero jamás he llegado a contemplar tu rostro, ni venido en tu auxilio, Rey mío».

Artabán calló y aquella dulce voz se hizo oír de nuevo, muy tenue y a lo lejos. Pero al parecer esta vez, la joven también comprendió sus palabras:

«En verdad os digo que cuanto hicisteis a uno de estos hermanos míos mas pequeños, a mí me lo hicísteis». Una expresión de radiante calma, gozo y maravilla, ilumino el semblante de Artabán. Escapó de sus labios un largo y último suspiro de alivio. Su peregrinaje había concluido y sus ofrendas habían sido aceptadas. El otro rey mago había encontrado al Rey (Se cierra la cita).

Una fábula que nos enseña que el ayudar al prójimo, es servirle al Señor Jesucristo. Lo que damos con amor y compasión a algún necesitado dirigidos por el Espíritu Santo, es darlo al Señor Jesucristo.

Antes de una misión general debe haber una misión específica. Veamos la historia del endemoniado de Gadara, su posesión, su liberación y su comisión.

Muy probablemente la imagen de aquellas tropas romanas marchando por la *Via Maris* o estacionados cerca, se incrustó en la psiquis de aquel endemoniado o aquellos endemoniados gadarenos o gerasenos. Gadara y Gerasa eran dos ciudades distintas en la decápolis. Las dos ciudades estaban distantes del lago de Genesaret o Tiberias. Gerasa (Jerash) está a 67.6 kilómetros (42 millas) del mar de Galilea. Gadara está a 21.1 kilómetros (13 millas). He tenido la oportunidad de visitar sus ruinas arqueológicas. La mención en los evangelios solo hace referencias **«a la región de los gadarenos»** y **«a la región de los gerasenos»** y no a los nombres de las ciudades.

Era imposible que los demonios recorrieran toda esa distancia hasta el mar de Galilea. Además se dice que Jesús de Nazaret cruzó al otro lado del lago. Según la tradición, en Kursi, donde hay un descubrimiento arqueológico de un monasterio bizantino, era el lugar donde vivían gadarenos y gerasenos. Lo he visitado varias veces y está en el Golán, territorio ocupado que Siria perdió en la guerra, y ahora es parte de la nación de Israel.

La Decápolis en la época romana eran ciudades estados autónomas. Aparte de las ruinas de Gerasa o Jerash y Gadara, Jordania tiene las ruinas de Pella.

También Amán capital del Reino Unido de Jordania (Amán proviene de Amón y antiguamente se le llamaba Rabá, 2 Sam.11:1).

En Israel se tienen las ruinas de Scitopolis (antiguamente Bet-sean o Betsán, 2 Sam. 31:10) en el valle del Jordán cerrando el valle de Jezreel y de Hipos o Susita al otro lado del mar de Galilea en las Alturas del Golán. Las únicas ciudades de la Decápolis que no he llegado a visitar son Dión (hoy Bei-ras), Canata y Rafana (Abila o Seulecia) en Jordania y la más distante es Damasco en Siria. Plinio el anciano en su escrito reconoció los nombres dados a estas ciudades de la Decápolis.

Jesús de Nazaret atravesó la Decápolis para hacer un milagro a un sordomudo:

«Luego regresó Jesús de la región de Tiro y se dirigió por Sidón al mar de Galilea, **internándose en la región de Decápolis**. Allí le llevaron un sordo tartamudo, y le suplicaban que pusiera la mano sobre él» (Mc. 7:31-32, NVI).

**«Cuando Jesús llegó al otro lado, a la región de los gadarenos, dos endemoniados** le salieron al encuentro de entre los sepulcros. Eran tan violentos que nadie se atrevía a pasar por aquel camino» (Mt. 8:28, NVI).

**«Cruzaron el lago hasta llegar a la región de los gerasenos.** Tan pronto como desembarcó Jesús, **un hombre poseído por un espíritu maligno** le salió al encuentro de entre los sepulcros» (Mc. 5:1-2, NVI).

**«Navegaron hasta la región de los gerasenos**, que está al otro lado del lago, frente a Galilea. Al desembarcar Jesús, **un endemoniado que venía del pueblo le salió al encuentro.** Hacía mucho tiempo que este hombre no se vestía; tampoco vivía en una casa, sino en los sepulcros» (Lc. 8:26-27, NVI).

**El término legión se lo aplicó a sí mismo el poseído gadareno**: «Y cuando salió él de la barca, **enseguida vino a su encuentro, de los sepulcros, un hombre con un espíritu inmundo,** cuando vio, pues, a Jesús de lejos, corrió, y se arrodilló ante él. Y clamando a gran voz, dijo: ¿Qué tienes conmigo, Jesús, Hijo del Dios Altísimo? Te conjuro por Dios que no me atormentes. Porque le decía: Sal de este hombre, espíritu inmundo. Y le preguntó: **¿Cómo te llamas?** Y respondió diciendo: **Legión me llamo**; porque somos muchos» (Mc. 5:2.6-9).

«Y le preguntó Jesús, diciendo: **¿Cómo te llamas?** Y él dijo: **Legión.** Porque muchos demonios habían entrado en él. Y le rogaban que no los mandase ir al abismo» (Lc. 8:30-31).

«Y clamaron diciendo: ¿Qué tienes con nosotros, Jesús, Hijo de Dios? ¿Has venido acá para atormentarnos antes de tiempo?».

En cuatro pasajes bíblicos se demuestra el repudio de los judíos contra los cerdos que eran considerados animales inmundos y su carne era prohibido comer:

«También **el cerdo**, porque **tiene pezuñas**, y **es de pezuñas hendidas**, pero **no rumia**, lo tendréis por inmundo. De la carne de ellos no comeréis, ni tocaréis su cuerpo muerto, los tendréis por inmundos» (Lev. 11:7-8).

«No deis lo santo a los perros, ni echéis vuestras perlas delante de **los cerdos**, no sea que las pisoteen, y se vuelvan y os despedacen» (Mt. 7:6).

«Y **los demonios**, salidos del hombre, **entraron en los cerdos**, y el hato se precipitó por un despeñadero al lago, y se ahogó» (Lc. 8:33).

«Y fue y se arrimó a uno de los ciudadanos de aquella tierra, el cual le envió a su hacienda **para que apacentase cerdos**. Y deseaba llenar su vientre de **las algarrobas que comían los cerdos**, pero nadie le daba» (Lc. 15:15-16).

«Pero les ha acontecido lo del verdadero proverbio: El perro vuelve a su vómito, y **la puerca lavada a revolcarse en el cieno**» (2 P. 2:22).

El *Gran Diccionario Enciclopédico Bíblico de la Biblia* define legión así: «En sus comienzos se componía de 3.000 infantes y jinetes de élite. Desde el año 100 a.C. hasta la caída del Imperio, contaba entre 5.000 y 6.200 soldados. En esa época estaba compuesta de 10 cohortes, cada una de ellas formada por tres manípulos y cada manípulo por dos centurias (cf. Mt. 27:27). Las mandaban tribunos y centuriones (Guerras 3:5, 3; Hch. 21:31.32; 23:23). Durante el Imperio había seis tribunos y sesenta centuriones por legión. En tiempos de Jesús constituía un ejército completo de infantería y caballería que llegaba hasta 5.000 hombres» (Alfonso Ropero Berzosa (ed.), *Gran Diccionario Enciclopédico de la Biblia*, Editorial CLIE, Barcelona 2013).

**El término legiones, Jesús de Nazaret lo aplicó a los ángeles de Dios**: «Entonces Jesús le dijo: Vuelve tu espada a su lugar, porque todos los que tomen espada, a espada perecerán. ¿Acaso piensas que no puedo ahora orar a mi Padre, **y que él no me daría más de doce legiones de ángeles**?» (Mt. 26:52-53).

«Y el hombre de quien habían salido los demonios le rogaba que le dejase estar con él, pero Jesús le despidió, diciendo: Vuélvete a tu casa, y cuenta cuán grandes cosas ha hecho Dios contigo. **Y él se fue, publicando por toda la ciudad cuán grandes cosas había hecho Jesús con él**» (Lc. 8:38-39).

«Y se fue, **y comenzó a publicar en Decápolis cuán grandes cosas había hecho Jesús con él**, y todos se maravillaban» (Mc. 5:20).

Lucas indica específicamente que el liberado fue a su ciudad, pudiendo referirse a Kursi (nombre bizantino), al este del lago de Genesaret y al pie de un lecho del río Nahal Samakh que desciende de los Altos del Golán. Marcos indica que recorrió la Decápolis. El relato de Mateo indica que los que vieron este milagro, fueron a la ciudad y dieron el testimonio:

«Y los que los apacentaban huyeron, **y viniendo a la ciudad, contaron todas las cosas**, y lo que había pasado con los endemoniados. Y toda la ciudad salió al encuentro de Jesús, y cuando le vieron, le rogaron que se fuera de sus contornos» (Mt. 8:33-34).

Para evangelizar a otros, primero evangelicemos a los nuestros. Al ex-endemoniado gadareno Jesús le instruyó diciendo: «Vete a tu casa, a los tuyos, y cuéntales cuan grandes cosas el Señor ha hecho contigo, y cómo ha tenido misericordia de ti» (Mc. 5:19).

No solo le indicó el lugar de su ministerio, que era su «oikos», también le dio los dos puntos para predicarles a sus parientes y vecinos. Esos son nuestros primeros dos campos de evangelismo y de misiones, los nuestros.

La misión de Simón Pedro y los once sería la de predicar (Mt. 10:7) y ministrar sanación, liberación y milagros (Mt. 10:8). Su ministerio sería carismático y poderoso en señales del reino. Entre la ministración de la Palabra y la ministración de los dones debe haber balance. Note que en estos dos pasajes, la predicación tiene preeminencia.

Muchos evangelistas dan más importancia al ejercicio de los dones que a la proclamación de la Palabra. ¡Hermanos evangelistas, prediquen con autoridad la Palabra de Dios! Los dones se manifestarán solos, serán el complemento a la ministración del evangelio de gracia.

Veamos esa expresión: «... **de gracia recibisteis, dad de gracia**» (Mt. 10:8). Lo que hemos recibido por gracia de Dios, algún don o alguna unción, lo debemos compartir con otros. ¡Somos bendecidos para bendecir! ¡Somos agraciados para agraciar!

¡Mi amigo el pastor Elvín Cupeles dice: «El nivel más bajo de la bendición es ser bendecidos, el nivel más alto de la bendición es bendecir a otros!».

Si somos salvos, buscaremos la salvación de otros. Si fuimos restaurados, buscaremos ayudar a otros para que sean restaurados. Si fuimos perdonados, perdonaremos a otros. Demos por gracia lo que por gracia hemos recibido.

## 3. La provisión de los discípulos

«No os proveáis de oro, ni plata, ni cobre en vuestros cintos, ni de alforja para el camino, ni de dos túnicas, ni de calzado, ni de bordón, porque el obrero es digno de su alimento» (Mt. 10:9-10).

Jesús instruyó a Simón Pedro y a la Dódeka a no llevar equipaje en exceso. En esos días se viajaba a pie, los recorridos eran extensos y había que cargar solo con lo necesario. Hoy estaban en un lugar y mañana en otro lugar. Eso además implicaba que no se quedaban fijos en ningún lugar, que iban de tránsito ministerial.

Jesús trató con lo financiero. «No os proveáis de oro, ni plata, ni cobre en vuestros cintos, ni de alforja para el camino…». Las necesidades financieras de Simón Pedro y los doce serían suplidas por ofrendas voluntarias, que otros sembrarían en el ministerio de Jesús y de ellos.

Jesús los quiso liberar mentalmente y emocionalmente de las presiones económicas, que surgen a causa del ministerio. Les quiso enseñar a depender de Dios, a trabajar desinteresadamente en la obra y creerle a Dios por sus finanzas.

Muchos misioneros, hablando hiperbólicamente, para salir al campo misionero necesitan:

**Primero**, un salario con beneficios acorde con el nivel de vida. **Segundo**, una casa con todas las comodidades. **Tercero** un vehículo cómodo y preferiblemente nuevo. **Cuarto** una computadora con muchos «terabites», acompañada de un IPAD PRO. **Quinto**, un celular inteligente con una cámara fotográfica digital de alta resolución con muchos mega píxeles.

Pero desde luego muchos misioneros van al campo misionero con su fe puesta en nuestro Señor Jesucristo y dependiendo de ofrendas generosas que les puedan dar.

La parábola de los «Obreros en la viña", habla del padre de familia que salió temprano a buscar trabajadores, los encontró y los envió a su viña. A la hora tercera (9 am) de la mañana encontró otros trabajadores desocupados en la plaza y los contrató. Entre la horas sexta (12 pm) y novena (3 pm) encontró a dos más. Y a la hora undécima (5 pm) reclutó a otros que estaban desocupados y les dio trabajo.

«Entonces se acercaron los trabajadores que llegaron a las cinco de la tarde y recibieron el salario de un día completo. Después, cuando pasaron los que habían llegado primero, muy de mañana, pensaron que a ellos les pagarían mucho más. Pero cada uno de ellos recibió el mismo salario de un día completo. Después de recibir el dinero, esos trabajadores comenzaron a hablar mal del dueño de la viña y le dijeron: 'Los que llegaron a las cinco de la tarde sólo trabajaron una hora, pero usted les pagó a ellos lo mismo que a nosotros, que trabajamos todo el día aguantando el calor. Eso no es justo'» (Mt. 20:9-12, TLA).

«Pero el dueño le contestó a uno de ellos: '¡Mira, amigo! Yo no he sido injusto contigo. Recuerda que los dos acordamos que tú trabajarías por el salario de un día completo. Toma el dinero que te ganaste, y vete. No es problema tuyo que yo les pague lo mismo a los que vinieron a las cinco. Yo puedo hacer con mi dinero lo que me parezca. ¿Por qué te da envidia que yo sea bueno con los demás?'» (Mt. 20:13-15, TLA).

Al momento de la paga el dueño de la viña comenzó pagando a los postreros, y le pago a cada uno un denario, estos solo trabajaron una hora. Pero luego a los primeros les pagó un denario también. Lo que produjo una queja de los primeros a causa de la misma paga a los postreros. A cada uno le cumplió con el salario acordado. Honró la obediencia al trabajo, más que el tiempo en el trabajo.

Al final, todos en el cielo recibiremos la misma recompensa. El que tenga la congregación más grande como el que tenga la congregación más pequeña. El que haya escrito más libros como el que nunca escribió. El más conocido como el menos conocido. El acuerdo es para todos igual.

**La Gran Comisión del Mesías Jesús es**: «Por tanto, id, y haced discípulos a todas las naciones, bautizándolos en el nombre del Padre, y del Hijo, y del Espíritu Santo» (Mt. 28:19).

**La Gran Comisión personal de algunos es**: «Levanten ofrendas, tomen aviones, vayan dondequiera, tomen muchas fotografías y vídeos, pónganlos en Facebook o Instagram. Háganse famosos. Y registren a esos que pasan a los altares en su Banco de Nombres para solicitarles donaciones».

En lo antes dicho exagero con el propósito de señalar la mentalidad de muchos afiebrados con las misiones, que si no tienen comodidades, no salen a realizar la obra para la cual quizá han sido llamados. Dependen más de las ayudas humanas, que de la ayuda divina.

Muchos supuestos llamados ponen primero los beneficios personales antes que la carga por el ministerio. ¡Si Dios te llama, Dios te suplirá! En Mateo 6:33 leemos: «Mas buscad primeramente el reino de Dios y su justicia, y todas estas cosas os serán añadidas».

Mateo 10:10 recalca: «Porque el obrero es digno de su alimento» ¿Suplirá Jesús a los discípulos por el trabajo prestado? Creo que sí, y ese versículo me da esta confirmación. Según Jesús era bendecido financieramente, así eran bendecidos sus discípulos. Él compartía con ellos las ofrendas recibidas.

«Los días siguientes, Jesús fue por muchos pueblos y ciudades anunciando las buenas noticias del reino de Dios. Con Jesús andaban también sus doce discípulos y muchas mujeres. **Estas mujeres ayudaban con dinero a Jesús y a sus discípulos**. A algunas de ellas, Jesús las había sanado de diferentes enfermedades y de los espíritus malos. Entre esas mujeres estaba María, a la que llamaban

Magdalena, que antes había tenido siete demonios. También estaban Juana y Susana. **Juana era la esposa de Cuza, el administrador del rey Herodes Antipas**» (Lc. 8:1-3, TLA). RV-1960 en lugar de **Cuza** lee **Chuza**.

Los integrantes de la Dódeka vivían por fe, dependían de la provisión financiera divina. Todos los creyentes vivimos por fe, tengamos trabajo o no, hagamos ministerio o no hagamos ministerio. La confianza de ellos estaba en la provisión del Señor Jesucristo.

## 4. El rechazo a los discípulos

«Y si alguno no os recibiere, ni oyere vuestras palabras, salid de aquella casa o ciudad, y sacudid el polvo de vuestros pies» (Mt. 10:14).

El mensaje será predicado, pero todos lo recibirán. Simón Pedro y los once al llegar a cualquier ciudad buscarían un hogar o a alguien «digno» para ellos reposar (Mt. 10:11). No podían quedarse en cualquier lugar. Todo siervo de Dios debe saber dónde y con quién se hospeda cuando está cumpliendo con la tarea de ministerio. No todos los que oyen el mensaje del evangelio de Jesucristo se convertirán, pero por uno solo que se convierta vale la pena el esfuerzo de tiempo y de dinero.

Jesús dijo: «Y al entrar en la casa, saludadla» (Mt. 10:12). Era un saludo de paz, de bendición, de bienestar, de dicha, de bienaventuranza. La presencia de un siervo o sierva de Dios en un hogar trae siempre algo bueno de parte de Dios. Muchos han perdido bendiciones en su hogar por no abrir las puertas a un ministerio de Dios.

«Y si la casa fuera digna, vuestra paz vendrá sobre ellos, mas si no fuera digna, vuestra paz se volverá a vosotros» (Mt. 10:13).

Nueva Biblia Vida rinde: «Si ellos lo merecen, tendrán la paz que ustedes les desearon, pero si no lo merecen, no la tendrán».

Nueva Versión Internacional rinde: «Si el hogar se lo merece, que la paz de ustedes reine en él, y, si no, que la paz se vaya con ustedes».

El misionero, el evangelista o ministro llevan la paz, pero también la pueden retirar de un hogar que los reciba mal y que los trate mal.

El Señor Jesucristo dijo que otros rechazarían el ministerio de la enseñanza o prédica: «Y si alguno no os recibiere, ni oyere vuestras palabras salid de aquella casa o ciudad **y sacudid el polvo de vuestros pies**» (Mt. 10:14).

El rechazo al mensaje sobre Jesucristo es un rechazo personal al exponente. El que rechaza lo que hablas acerca de Dios y su Palabra, te rechaza a ti también.

No perdamos el tiempo predicándole a alguien que se burla del evangelio o que se enoja por el mismo, simplemente démosle gracias y apartémonos de esa persona o personas. A fin de cuentas ellos pierden la oportunidad de ser bendecidos con la Palabra. Pero eso sí, presentemos la oferta del evangelio con sabiduría y entendimiento. EL fanatismo religioso es el mayor obstáculo en la proclamación del evangelio. Es una piedra de tropiezo para la fe de muchos. «Y sacudid el polvo de vuestros pies» (Mt. 10:14). Significa: «déjenlos y váyanse» No se entretenga con alguien que no aprecia lo que usted dice acerca de Dios. No discuta sobre el evangelio con nadie, no tiene que estar probando nada a nadie, predíquelo y enséñelo. No defienda a Jesucristo, preséntelo. Aprenda a aceptar el rechazo. ¿No lo quieren escuchar hablando la Palabra?, amárrese los cordones de los zapatos y diga: «Hasta la vista». «¡By, by, Charlie!».

«No deis lo santo a los perros, ni echéis vuestras perlas delante de los cerdos, no sea que las pisoteen, y se vuelvan y os despedacen» (Mt. 7:6).

Traducción En Lenguaje Actual rinde: «No den a los perros las cosas que pertenecen a Dios, ni echen delante de los cerdos lo que para ustedes es más valioso. Los cerdos no sabrán apreciar su valor, y los perros pueden morderlos a ustedes».

## 5. La profecía a los discípulos

«He aquí que yo os envió como a ovejas en medio de lobos, sed, pues, prudentes como serpientes, y sencillos como palomas» (Mt. 10:16).

La enseñanza mateína en 10:16-25 presenta la realidad de lo que el ministerio de Pedro y los once tendría que enfrentar. Tendrían que enfrentar manadas de lobos y ellos serían como ovejas, la oveja es el menú principal del lobo. Su comportamiento sería de prudencia «como serpientes» y sencillos «como palomas». Su actitud y conducta sería su arma defensiva ante la actitud y conducta de sus enemigos.

Jesús les profetizó que tendría severas persecuciones, arrestos, azotes (Mt. 10:17). Ante gobernadores y reyes darían testimonio (Mt. 10:18). En esos interrogatorios y oportunidades de hablar, el Espíritu Santo les daría las palabras que hablarían (Mt. 10:19-20).

Aun los miembros de la familia traicionarían a algunos de ellos y a muchos creyentes (Mt. 10:23). En vez de ser queridos por todos, serían «aborrecidos» por identificarse con el nombre de Jesucristo y por predicar ese nombre (Mt. 10:22). Si eran perseguidos en una ciudad tenían que huir a la otra con la esperanza de la venida del «Hijo del Hombre» (Mt. 10:23).

Simón Pedro con los once sabían en lo que se estaban metiendo al seguir a Jesús, al ser constituidos en apóstoles. Días difíciles le estaban profetizados. El verdadero discipulado, como decía Dietrich Bonhoeffer, tiene un coste que tiene que ser pagado. La gracia es gratis, pero no es barata. Bonhoeffer pagó su discipulado con la horca, al ser ajusticiado al final del régimen nazi. Ser salvos no cuesta nada, ser discípulos lo cuesta todo, hasta nuestra propia vida.

Finalmente, el propio Señor Jesucristo sentó el ejemplo del sufrimiento que le esperaría a Simón Pedro y a los once, con su propia vida:

«El discípulo no es más que su maestro, ni el siervo más que su señor. Bástale al discípulo ser como su maestro, y al siervo como su señor. Si al padre de familia llamaron Beelzebú, ¿cuánto más a los de su casa?» (Mt. 10:24-25).

«El discípulo no es más importante que su maestro, ni el esclavo es más importante que su amo. Lo más que puede hacer el discípulo es ser igual a su maestro, y el esclavo, igual a su amo. Si la gente dice que yo soy el diablo, entonces, ¿qué no dirán de ustedes, que son mis discípulos?» (TLA).

## Conclusión

La aplicación es que si Jesucristo como «Maestro» y «Señor» tuvo que sufrir, sufriría también «el siervo» y «el discípulo». Todo aquel que es llamado al servicio cristiano, debe saber que el sufrimiento puede ser parte de su llamado.

# 05
# La proeza de Pedro

Mateo 14:28, RVR1960

*«Entonces le respondió Pedro, y dijo: Señor, si eres tú, manda que yo vaya a ti sobre las aguas. A estos doce envió Jesús, y les dio instrucciones».*

## Introducción

Aparece Jesús despidiendo a la multitud (Mt. 14:22), luego se fue a orar al monte (Mt. 14:23), era de noche cuando quiso llegar a la barca, pero esta estaba en el medio del lago de Galilea, enfrentando fuertes vientos y oleadas (Mat. 14:24), era entre las 3 am y las 6 am.

Los discípulos lo confundieron con un «fantasma» (Mt. 14:26). Él les dio ánimo y les impartió valor (Mt. 14:27). Simón Pedro se atrevió a invitarse por Jesús y anduvo sobre las aguas (Mt. 14:28-29). Los fuertes vientos atemorizaron al apóstol Pedro y al comenzar a hundirse pidió auxilio al Señor Jesucristo (Mt. 14:30-31). Luego Jesús lo subió a la barca (Mt. 14:32), y todos confesaron que Jesús era el Hijo de Dios (Mt. 14:33).

## 1. La despedida de la multitud

«Despedida la multitud, subió al monte a orar aparte, y cuando llegó la noche estaba allí solo» (Mt. 14:23).

Jesús siempre le dedicó suficiente tiempo a las personas que venían a Él con necesidades espirituales. En esta ocasión después de instruir a sus discípulos de seguir adelante en la barca, Él se quedó atrás para despedir a la multitud (Mt. 14:22).

¡Cuánto tenemos que aprender de cómo Jesús atendía a las multitudes! El pueblo necesita de ministros que sepan darle tiempo, que estén cerca de sus necesidades, que ministren sin mucha prisa.

A Simón Pedro y a los discípulos les ordenó cruzar en la barca a la otra ribera del mar o lago en la Galilea, llamado lago de Tiberiades, lago de Genesaret o mar de Galilea. En hebreo se le conoce como כִּנֶּרֶת, Kinéret, y toma su raíz del hebreo «kinor» que describe su forma de arpa o lira.

En la tradición marconiana, Jesús ordenó a sus discípulos que navegaran hasta la costa de Betsaida:

«Enseguida hizo a sus discípulos entrar en la barca e ir delante de él a Betsaida, en la otra ribera, entre tanto que él despedía a la multitud» (Mc. 6:45).

Frente a esta antigua aldea al norte del Mar de Galilea está el valle de Betsaida. Allí sale el río Jordán para abastecer de agua al lago de Genesaret.

En la época de Jesús fue una ciudad importante. Se le renombró Julia en honor a la esposa de Augusto César. De allí procedían los hermanos y discípulos Simón Pedro y Andrés con el apóstol Felipe (Jn. 1:44; 12:21).

Según la tradición joanina, la barca iba hacia Capernaum: «Y entrando en una barca, iban cruzando el mar hacia **Capernaum**. Estaba ya oscuro, y Jesús no había venido a ellos» (Jn. 6:17).

Una vez que despidió a la multitud, se fue a lo alto del monte para orar, y así le pasaron las horas de la noche (Mt. 14:23). El monte más alto en el área es el monte Arbel. Jesús de Nazaret, el Hijo de Dios, Dios en cuerpo de hombre, practicaba la oración intensa y solitaria. Orar debe ser el negocio principal de todo aquel que tenga algún llamado o algún ministerio. Aunque la práctica de la oración es responsabilidad de todo creyente.

A muchos creyentes le gusta cantar más y orar menos, oremos más y cantemos menos, y veremos mayores resultados en todo lo que emprendamos para Dios. Un creyente de rodillas es más alto que cuando está de pie.

Dios salió en defensa de su siervo Job, y le mostró a Elifaz temanita que estaba bien molesto con él y sus dos compañeros, y le indicó que tenían que presentar sacrificio por ellos y Job oraría por ellos. Dios se airó contra los tres amigos de Job que no hablaron recto de Dios, pero Job sí habló recto de Dios.

Al final, era Job el que tenía que orar por ellos para que la ira de Dios se aplacara sobre ellos; al orar Job, la aflicción que este tenía lo dejó y lo prosperó Dios el doble. ¡Vemos el poder de la oración! Al orar por otros, somos bendecidos.

«Y aconteció que después que habló Jehová estas palabras a Job, Jehová dijo a Elifaz temanita: Mi ira se encendió contra ti y tus dos compañeros, porque no habéis hablado de mí lo recto, como mi siervo Job. Ahora, pues, tomaos siete becerros y siete carneros, e id a mi siervo Job, y ofreced holocausto por vosotros, **y mi siervo Job orará por vosotros**, porque de cierto a él atenderé para no trataros afrentosamente, por cuanto no habéis hablado de mí con rectitud, como mi siervo Job.

Fueron, pues, Elifaz temanita, Bildad suhita y Zofar naamatita, e hicieron como Jehová les dijo; y Jehová aceptó la oración de Job. Y quitó Jehová la aflicción de Job, cuando él hubo orado por sus amigos, y aumentó al doble todas las cosas que habían sido de Job» (Job 42:7-10).

El Nazareno: «... subió al monte a orar aparte y cuando llegó la noche estaba allí sol». Aquí se nos habla de la oración apartada y solitaria. Esto fue un combo de retiro y de vigilia espiritual. Si el Hijo de Dios tuvo que orar, cuanto más nosotros los creyentes necesitamos orar.

## 2. La distancia de Jesús

«Y ya la barca estaba en medio del mar, azotada por las olas, porque el viento era contrario» (Mt. 14:24).

La travesía de los discípulos a la otra orilla, enfrentó una demora. Después de tantas horas, «la barca estaba en medio del mar» (Mt. 14:24). Tenía que haber avanzado, pero no podía. La tormenta en aquel mar de Galilea se lo estaba impidiendo. Muchas veces nuestra barca llegará hasta la mitad del mar. El mar de Galilea está a 209 metros o 686 pies bajo el nivel del mar.

El evangelio de Juan es más específico en señalar la distancia recorrida por los discípulos: «Los discípulos ya habían navegado cinco o seis kilómetros, cuando vieron a Jesús caminar sobre el agua. Como Jesús se acercaba cada vez más a la barca, tuvieron miedo» (Jn. 6:19, TLA).

La barca estaba a una distancia de unas cuatro millas. Son muchas las congregaciones y ministerios que en vez de estar más lejos, ya llegando a la otra orilla, se quedan en un neutro espiritual, de resistencia e inercia en el mismo sitio y llegan a la mitad de la distancia.

La razón de esta prolongada demora en los discípulos, expertos marineros y pescadores en el mar de Galilea fue que un vendaval y una oleada inesperada les estaban azotando, no los dejaba avanzar. Esas tormentas en el lago de Tiberias tienen su origen en los fuertes vientos del Mediterráneo que atraviesan el valle del Esdrelón o Jezreel, que se canalizan a través de los conductos naturales de los montes de Efraín, Carmelo, Nazaret, Gilboa, desde la baja Galilea hasta la alta Galilea, provocando tormentas marítimas.

A muchas congregaciones se les levantan los vientos contrarios y oleadas adversas, para detenerlos en la meta de alcanzar la otra orilla. Jesús quería que ellos llegaran al otro lado para Él alcanzarlos allá. Tristemente, ellos salieron temprano, pero un contratiempo inesperado no los dejó avanzar. ¡Corrían mucho peligro!

Tenemos que prepararnos para enfrentar la adversidad, los obstáculos, las dificultades, cuando hayamos dejado una orilla para llegar a la otra. Cerca de la meta, algo o alguien pueden detener el avance de nuestra barca. Pero si Jesús dijo que llegaríamos a la otra ribera es porque Él nos ayudará a llegar.

Entre las 3 am y las 6 am, tiempo que Mateo denomina como «cuarta vigilia de la noche» (Mt. 14:25), Jesús vino en rescate de sus discípulos. Nuestras tormentas lo invitan a Él a hacerse presente. En nuestros problemas, Jesús dice: «¡Presente!».

Mientras Jesús llegaba a ellos, caminando sobre la cresta de las encrespadas olas, y abriéndose paso entre los enloquecidos vientos, los discípulos tuvieron una visión equivocada de su presencia. El miedo los hizo pensar que aquella figura mojada por las aguas, que le hacía resistencia a los golpes del viento, era alguien a quien temían los pescadores.

Ellos gritaron al verlo andar sobre el mar, lo siguiente: «¡Un fantasma!» (Mt. 14:26). El griego para «**fantasma**» lee «**phántasmá**». Aquellos pescadores, al igual que muchos otros, conocían de la superstición de fantasmas nocturnos que aparecían en las noches o en las tormentas del lago. El miedo es contagioso, hace a muchos ver y decir lo mismo. Mateo dice: «Y dieron voces de miedo» (Mt. 14:26). El miedo es una emoción que ahoga la fe. Hace a la persona ver e imaginarse lo que en verdad no es.

De manera similar los discípulos confundieron al Cristo Resucitado con un «espíritu» en el Aposento Alto o Cenáculo:

«Mientras ellos aún hablaban de estas cosas, Jesús se puso en medio de ellos, y les dijo: Paz a vosotros. Entonces, espantados y atemorizados, pensaban que veían un espíritu. Pero él les dijo: ¿Por qué estáis turbados, y vienen a vuestro corazón estos pensamientos? Mirad mis manos y mis pies, que yo mismo soy; palpad, y ved, porque un espíritu no tiene carne ni huesos, como veis que yo tengo. Y diciendo esto, les mostró las manos y los pies. Y como todavía ellos, de gozo, no lo creían, y estaban maravillados, les dijo: ¿Tenéis aquí algo de comer? Entonces le dieron parte de un pez asado, y un panal de miel. Y él lo tomó, y comió delante de ellos» (Lc. 24:36-43).

El miedo mal infundido nos hace transformar muchas cosas en aquello que tememos, porque lo exteriorizamos. El miedo es un sentimiento de angustia ante un peligro o ante algo que imaginamos.

La palabra griega para «**miedo**» es «**phobos**». De ese sufijo griego nacen los nombres de desórdenes emocionales como: claustrofobia (miedo a lugares cerrados); aquafobia (miedo al agua o a morir ahogado); acrofobia (miedo a las alturas); thanatofobia (miedo a la muerte o a los muertos); zoofobia (miedo a los animales); etnofobia (miedo a grupos étnicos); y muchas fobias más.

Jesús respondió a su fobia diciendo: «¡Tened ánimo, yo soy, no temáis!» (Mt. 14:27). Jesús les inyectó dos sentimientos, primero ánimo y segundo valor, para neutralizar el sentimiento negativo del miedo. Él no era un fantasma, sino el Señor de las Tormentas, el Amo del Mar, el Rey de la Creación, el Domador de los Vientos.

En nuestros días hace falta que se predique y se enseñe mucho sobre el ánimo y el valor. Las predicaciones cargadas de temores, juicios, castigos, reprensiones, limitaciones, producen miedos en los creyentes, pero no un temor reverente hacia Dios.

## 3. La reacción de Simón Pedro

«Entonces le respondió Pedro, y dijo: Señor, si eres tú, manda que yo vaya a ti sobre las aguas» (Mt. 14:28).

Marcos no declara en su narración que Simón Pedro haya andado sobre el mar o el lago: «Y subió a ellos en la barca, y se calmó el viento; y ellos se asombraron en gran manera, y se maravillaban. Porque aún no habían entendido lo de los panes, por cuanto estaban endurecidos sus corazones» (Mc. 6:51-52).

Tampoco Juan menciona que Simón Pedro anduvo sobre las aguas. Juan menciona que Jesús de Nazaret subió a la barca: «Así que se dispusieron a recibirlo a bordo, y en seguida la barca llegó a la orilla adonde se dirigían» (Jn. 6:21, NVI).

De todos los discípulos, solo Simón Pedro, se atrevió a cuestionar al Señor Jesucristo. Estuvo dispuesto a realizar una acción que iba más allá de la razón humana. Pedro para confirmar que era Jesús de Nazaret, se presentó como voluntario para andar sobre aquel indomable mar. ¡Solo un loco en la fe como Pedro, sería capaz de decir algo como eso! Pero él creía en Jesús, y él le creía a Jesús.

Desde luego Simón Pedro no descendería a las aguas sin el permiso de Jesús. Notemos la expresión: «… **manda que yo vaya a ti sobre las aguas**». La fe no puede actuar fuera de la Palabra de Dios, esta responde a lo que Dios dice. Esa fue una fe intencional para hacer algo. Pedro creería esa palabra de Jesús, y actuaría sobre la misma.

Todo el enfoque del apóstol Pedro estaba en llegar a Jesús. Él no pensaba ni en olas, ni en vientos, solo tenía su mente y su mirada puesta en sus ojos, pero quería oír la voz del Maestro, del Autor y del Consumador de la fe.

«Por lo tanto, ya que estamos rodeados por una enorme multitud de testigos de la vida de fe, quitémonos todo peso que nos impida correr, especialmente el pecado que tan fácilmente nos hace tropezar. Y corramos con perseverancia la carrera que Dios nos ha puesto por delante. Esto lo hacemos al fijar la mirada en **Jesús, el campeón que inicia y perfecciona nuestra fe**. Debido al gozo que le esperaba, Jesús soportó la cruz, sin importarle la vergüenza que esta representaba. Ahora está sentado en el lugar de honor, junto al trono de Dios. Piensen en toda la hostilidad que soportó por parte de pecadores, así no se cansarán ni se darán por vencidos» (Heb. 12:1-3, NTV).

Jesús de Nazaret le dijo una sola palabra profética a Simón Pedro: «**Ven**» (Mt. 14:29). Con un monosílabo o una palabra de Él, nuestra fe resucita y se alimenta. Fue una orden de fe. Fue una invitación a acercarse a Él.

¿Qué hizo Simón Pedro? Bajó de la barca, plantó sus pies en aquella alfombra de agua movida por los vientos, y se paró sobre el embravecido mar de Galilea, y comenzó a andar: «... Y descendiendo Pedro de la barca, andaba sobre las aguas para ir a Jesús» (Mt. 14:29).

La clave está en las palabras: «...**para ir a Jesús**». ¡Su visión, su meta, era Jesús! Cuando lo miramos a Él y queremos llegar a Él, todo lo demás es secundario y sin importancia. Mirando a Jesús, Pedro no veía el mar, ni sentía los aguijones del viento.

«Pedro al ver el fuerte viento, tuvo miedo, y comenzando a hundirse, dio voces, diciendo: Señor, sálvame» (Mt. 14:30). Simón Pedro quitó la mirada de Jesús, perdió la fe, el miedo lo asaltó, puso su mente en el viento, y comenzó a hundirse, y tuvo que gritar: «**Señor, sálvame**». El miedo hundió a Pedro, el miedo nos hunde a nosotros.

Muchas veces una persona no puede ser ayudada hasta que la misma ya se está hundiendo, y es entonces que pide ayuda, y la ayuda se le puede dar. Un adicto y un alcohólico no cambiarán, ni se rehabilitarán hasta que no reconozcan que necesitan ayuda, y es ahí que la ayuda se les podrá brindar.

En el Salón Ágape, en uno de los salones del Instituto Bíblico Internacional de la IPJQ, donde mi esposa Rosa y yo pastoreamos por cuatro décadas, tenemos un cuadro de un Pedro hundiéndose en el mar de Galilea. En el mismo, el artista presenta a un Jesús que le extiende su mano zurda a un Simón Pedro que a la vez le extiende su mano zurda a Jesús. A esos zurdos, como a ese Pedro que se está hundiendo, Jesús también se hace zurdo para rescatarlos.

Instantáneamente, Jesús le tomó la mano, lo aguantó (Mt. 14:31), y le exhortó: «¡**Hombre de poca fe! ¿Por qué dudaste?**» (Mt. 14:31). De nuevo Simón Pedro es regañado ahora por el Señor de las Tormentas. Las dudas ahogan y matan la fe. Cuando Simón Pedro dudó, inactivó la fe que le permitió ser el único ser humano en la Biblia que anduvo sobre un mar turbulento.

¡Jesús es nuestro Salvavidas y nuestro Socorrista! No dejó a Simón Pedro ahogarse. Ni tampoco te dejará a ti, o a mí ahogarnos. Lo mejor que hizo

Simón Pedro fue orar, y pedir ayuda a Jesús. Muchos se ahogan por el orgullo, por ser tercos, Simón Pedro fue humilde y gritó por socorro.

«Y cuando ellos subieron en la barca, se calmó el viento» (Mt. 14:32). Simón Pedro bajó solo, ahora sube acompañado por Jesús a la barca; bajó sin Cristo pero subió con Cristo. Una vez que Jesús lo puso seguro, aquel viento fue domesticado y se tranquilizó. Jesús dentro de la barca cambia todo alrededor de nosotros. Con Él en la barca hay calma para todos.

Esto produjo adoración: «Entonces los que estaban en la barca vinieron y le adoraron...» (Mt. 14:33). La única manera de dar gracias al Señor Jesucristo por nuestra salvación, y por los milagros que hace es adorándole. Es reconocerlo por lo que Él es, y por lo que Él hace por nosotros.

Los discípulos hicieron allí una gran confesión cristológica: «Entonces los que estaban en la barca vinieron **y le adoraron**, diciendo: **Verdaderamente eres Hijo de Dios**» (Mt. 14:33). Allí formularon parte de su credo apostólico.

Aquella reunión en la barca se transformó en un culto de adoración. Los discípulos eran los adoradores y Jesús de Nazaret era el adorado. Aceptaron su divinidad. Lo vieron con la naturaleza de Dios. No les quedó ninguna duda de que seguían al Mesías verdadero. Jesús sería para ellos, de ahora en adelante, el «Hijo de Dios».

Aunque la noche sea oscura y las olas estén embravecidas, podemos tener la confianza de que a la cuarta vigilia, a la hora inesperada, Jesús de Nazaret aparecerá andando sobre las aguas.

## Conclusión

En su Palabra podremos nosotros también andar sobre las aguas, y aunque a causa de los vientos, sintamos que nos hundimos, Él extenderá sus manos para llevarnos a la barca seguros.

# 06
# La confesión de Pedro

Mateo 16:16, RVR1960

*«Respondiendo Simón Pedro, dijo: Tú eres el Cristo, el Hijo del Dios viviente».*

## Introducción

Preguntas y respuestas era el método de Jesús que se destaca en la tradición de los evangelios. En la tradición mateína aparece Jesús preguntando a los discípulos sobre la opinión que aquel círculo de los allegados, tenían acerca de su persona: «Él, luego de ellos expresarse, pregunta quién era Él para ellos. La confesión de Simón Pedro fue: 'Tú eres el Cristo, el Hijo del Dios viviente' (Mt. 16:16). Jesús lo encomió por haber recibido esta verdad declarada como revelación del Padre celestial» (Mt. 16:17).

## 1. La pregunta de Jesús

«¿Quién dicen los hombres que es el Hijo del Hombre?» (Mt. 16:13).

El lugar donde se formuló este interrogante es «la región de Cesarea de Filipos» (Mt. 10:13). Este lugar está a unas 25 millas de Capernaum. Se identifica con Banias, que es una deformación del nombre Panias, dios de la mitología griega, ya que la mayoría de los árabes no pueden pronunciar la letra 'p' porque en su lengua no existe, y la pronuncian como 'b'. En vez de decir, «padre», dicen «badre». Esto lo he comprobado yo mismo en mis muchos viajes al Medio Oriente. Banias está al pie del monte Hermón, donde nace el manantial principal que nutre al río Jordán (este servidor ha estado allí muchas veces). Aquel lugar es sumamente rocoso y sería una buena escenografía para la alusión que hace Jesús a «Petros» (Pedro) y «petra» (roca).

La tradición joanina no señala un lugar específico, más señala que lo hizo **«en el camino»**: «Salieron Jesús y sus discípulos **por las aldeas de Cesarea de Filipo**. Y en el camino preguntó a sus discípulos, diciéndoles: ¿Quién dicen los hombres que soy yo?» (Mc. 8:27).

A Jesús le interesaba saber **«quién»** se decía que era Él. Es importante saber quiénes somos nosotros comparados con otros, que se dice acerca de nuestra persona y actividades. Jesús lo sabía todo, pero quería sacar información de sus discípulos.

«Aconteció que mientras Jesús oraba aparte, estaban con él los discípulos, y les preguntó, diciendo: ¿Quién dice la gente que soy yo? Ellos respondieron: Unos, **Juan el Bautista**; otros, **Elías**; y otros, **que algún profeta de los antiguos que ha resucitado**. Él les dijo: ¿Y vosotros, quién decís que soy? Entonces respondiendo Pedro, dijo: El Cristo de Dios» (Lc. 9:18-20).

**A Jesús se le comparó con Juan el Bautista (Mt. 16:14).** Su mensaje del «reino de Dios» era el mismo. Herodes, llegó a creer que Jesús de Nazaret era Juan el Bautista que había resucitado. Tanto Juan el Bautista como Jesús se oponían a las tradiciones fariseicas y a otros extremos religiosos. Ambos fueron dos radicales, no conformistas, teólogos de liberación.

**A Jesús se le comparó con Elías (Lc. 9:19).** A quien veían como el profeta que vendría en los tiempos finales. Hasta el día de hoy, los judíos en la celebración de la Pascua, a la copa de la Pascua le llaman «La Copa de Elías». A la silla de la circuncisión en las sinagogas la llaman «La Silla de Elías». Esto lo he aprendido y visto en los treinta viajes a la Tierra Bíblica y a la Gran Sinagoga de Jerusalén.

**A Jesús se le comparó con Jeremías (Mt. 16:14).** El famoso «profeta llorón» como había sido apodado este vocero veterotestamentario. Es probable que las denuncias religiosas y sociales de Jesús de Nazaret tuvieran eco en los pronunciamientos proféticos de Jeremías.

**A Jesús se le comparó con alguno de los profetas (Mt.16:14).** De alguna manera, para muchos, Jesús era uno de esos profetas de la antigüedad. se le equiparaba al mismo nivel que aquellos. Pero Él era más que aquellos profetas. Él era el profeta: «Y la gente decía: Este es **Jesús el profeta, de Nazaret de Galilea**» (Mt. 21:11).

Analicemos este interrogante: «**¿Quién dicen los hombres que es el Hijo del Hombre?**». Ya sabemos 'quién' decían los hombres que era Él. ¿Pero qué dice la humanidad hoy, 'quién' es Él?

**¿Fue Jesús un humanista?** Para muchos Jesús de Nazaret fue el epítome de la humanidad, la humanidad perfecta completada en un ser humano, que ayudado por Dios a quien Él llamó Padre, logró realizar al máximo el potencial humano. Pero Jesús de Nazaret fue más que un humanista.

**¿Fue Jesús un revolucionario?** Otros ven en Jesús de Nazaret el revolucionario de la historia, que se puso del lado de los despreciados, los destituidos, los marginados, los no queridos y a favor de ellos hizo justicia social. La famosa teología de la liberación, que tuvo mucho eco en la América Latina, enfatizaba este postulado liberacionista social en Jesucristo. Pero Jesús de Nazaret fue más que un revolucionario social.

**¿Fue Jesús un profeta futurista?** Algunos opinan que Él se movió en las ruedas del profetismo, condenando la injusticia y proclamando un reino utópico de paz y de amor. Pero Jesús de Nazaret fue más que un profeta futurista.

**¿Fue Jesús un mesías judío?** La fe religiosa judía siempre abrigó y abriga la esperanza de un mesías que los visitaría. Para muchos Jesús de Nazaret fue una piedrecita más en un rosario mesiánico del judaísmo. Un mesías que su generación creó porque lo necesitaba. Pero Jesús de Nazaret fue más que un mesías judío.

**¿Fue Jesús un reformador?** Hay quienes ven en Jesús de Nazaret un reformador del judaísmo, el iniciador de una nueva religión llamada cristianismo. Pero Jesús de Nazaret fue más que un reformador religioso.

**¿Fue Jesús un maestro ejemplar?** Jesús de Nazaret descolló como maestro, impactó con sus enseñanzas espirituales, y muchos lo ven como un pedagogo ejemplar. Pero Jesús de Nazaret fue más que un maestro ejemplar.

**¿Fue Jesús un predicador idealista?** Eso es lo que algunos ven en Jesús de Nazaret, un predicador de ética y moral, que con principios alimentados por el amor y la esperanza trasformó espiritualmente la vida de muchos seres humanos. Pero Jesús de Nazaret fue más que un predicador idealista.

**¿Fue Jesús un sanador o milagrero?** Para algunas personas Jesús de Nazaret fue un instrumento de parte de Dios, sanando o haciendo milagros para un mundo necesitado. Pero Jesús de Nazaret fue más que un sanador o milagrero. Él hace milagros pero se le debe conocer más allá de los milagros.

**¿Fue Jesús un motivador positivo?** Jesús de Nazaret motivó al ser humano a sacar lo mejor de sí mismo. Sus palabras sembraron y siembran en los oídos de las personas, un deseo de superación humana. Pero Jesús de Nazaret fue más que un motivador social.

Jesucristo no es de la izquierda, ni es de la derecha, es del centro. No es legalista, ni es liberal, es neutral. No es calvinista, ni arminiano, es Salvador. No es bautista, ni pentecostal, es Soberano No es republicano, ni demócrata, es Redentor. Jesús es todo lo que necesitamos.

## 2. La revelación a Simón Pedro

«Respondiendo Simón Pedro, dijo: Tú eres el Cristo, el Hijo del Dios viviente» (Mt. 16:16).

Después de Jesús escuchar de sus discípulos lo que otros decían de Él, les preguntó de nuevo a ellos: «Y vosotros, ¿quién decís que soy yo?»(Mt. 16:15).

El mundo tiene muchas opiniones acerca de Jesús de Nazaret, pero ¿quién es Jesús para ti? ¿Es tu Salvador? ¿Es tu Sanador? ¿Es tu Perdonador? ¿Es tu Guía? ¿Es tu Ayudador? ¿Es tu Protector? ¿Es tu Proveedor? ¿Es tu Pacificador? ¿Es tu Defensor? ¿Quién es Jesús de Nazaret en tu vida?

Muchos saben **«quién»** fue Jesús en su pasado, saben **«quién»** será en su futuro, pero no saben **«quién»** es Jesús en su presente. La relación que tenían antes con Jesús de Nazaret, no es la misma que tienen ahora. Antes le servían más, ahora le sirven menos; lo buscaban más, y ahora lo buscan menos; hablaban más con Él, y ahora hablan menos con Él. Trabajaban más para Él, y ahora trabajan menos para Él.

«Sin embargo, hay algo que no me gusta de ti, y es que ya no me amas tanto como me amabas cuando te hiciste cristiano. Por eso, acuérdate de cómo eras antes, y vuelve a obedecer a Dios. Deja de hacer lo malo, y compórtate como al principio. Si no lo haces, yo iré a castigarte y quitaré tu candelabro de su lugar» (Apoc. 2:4-5, TLA).

Simón Pedro, el colérico, el ligero, el rápido, el que tenía tres velocidades en su transición humana, ligero, más ligero y súper ligero (otros son lentos, más lentos y súper lentos) respondió: «Tú eres el Cristo, el Hijo del Dios viviente» (Mt. 16:16).

El apóstol Pedro confesó a Jesús de Nazaret como *Cristos* (Mesías) y como *Huios et Theos*. Lo máximo que se podía decir de Jesús es que era el Mesías y que era el Hijo de Dios. Y eso lo declaró Simón Pedro.

El teólogo Paul Tillich al analizar una de las declaraciones de fe que más ha influenciado al cristianismo, escribió al particular:

«El cristianismo no nació con el nacimiento del hombre llamado 'Jesús', sino en el momento en que uno de sus seguidores se sintió impulsado a decirle: 'Tú eres el Cristo', y el cristianismo seguirá existiendo mientras haya hombres que repitan esta aserción. Porque el acontecimiento en el que se basa el cristianismo posee dos vertientes: el hecho que llamamos 'Jesús de Nazaret' y la recepción de este hecho por parte de quienes recibieron a Jesús como el Cristo.

Según la tradición primitiva, el primero que recibió la revelación de Jesús como el Cristo entre los apóstoles se llamaba Simón Pedro. Este acontecimiento nos es narrado en un relato que figura en el centro del evangelio de Marcos; tuvo lugar cerca de Cesarea de Filipo y constituye el punto crucial de todo el evangelio» (*Teología Sistemática* II. *La Existencia y Cristo*, Ediciones Sígueme, Salamanca 1982).

La respuesta de Simón Pedro fue elogiada, estimada y valorizada por Jesús de Nazaret. Aún nosotros, a dos milenios de distancia, hacemos coro a las palabras de este apóstol. A este discípulo Jesús le encomió con este macarismo: «Bienaventurado eres, Simón, hijo de Jonás, porque no te lo reveló carne ni sangre, sino mi Padre que está en los cielos» (Mt. 16:17).

Jesús al hablarle a Simón Pedro, lo llama «Simón, hijo de Jonás», dejándonos saber que ese era su nombre completo. Su padre se llamaba Jonás. Lo que el apóstol Pedro confesó del mesianismo de Jesús de Nazaret, más que un dato informativo que alguien le dio, fue una revelación que le llegó desde el mismo cielo.

Nueva Versión Internacional: «Dichoso tú, Simón, hijo de Jonás —le dijo Jesús—, porque eso no te lo reveló ningún mortal, sino mi Padre que está en el cielo».

Traducción En Lenguaje Actual: «Jesús le dijo: —¡Bendito seas, Pedro, hijo de Jonás!, porque no sabes esto por tu propia cuenta, sino que te lo enseñó mi Padre que está en el cielo».

Toda revelación acerca de Cristo está en su Palabra, la Biblia. La revelación que debemos nosotros recibir es de la Palabra Escrita. Esta nos debe ser revelada por el Espíritu Santo.

«Todo lo que está escrito en la Biblia es el mensaje de Dios, y es útil para enseñar a la gente, para ayudarla y corregirla, y para mostrarle cómo debe vivir. De ese modo, los servidores de Dios estarán completamente entrenados y preparados para hacer el bien» (2 Tim. 3:16-17, TLA).

A Simón Bar Jonás no se lo reveló carne y sangre, pero a muchos las revelaciones les llegan y se las revelan la carne y la sangre. Alguien dijo a alguien, que alguien le dijo, pero no lo reveló el Espíritu Santo.

Jesús le añadió a lo dicho a Simón Pedro: «Y yo también te digo, que tú eres Pedro, y sobre esta roca edificare mi iglesia, y las puertas del Hades no prevalecerán contra ella» (Mt. 16:18).

La tradición bizantina, copta, etíope, armenia, católica romana y otras tradiciones toman posturas diferentes sobre el Primado de Pedro basados en Mateo 16:18-19. Solo la Iglesia Católica Romana ve a Simón Pedro como el Primer Papa; las otras tradiciones lo ven como el Primer Obispo. El primado o encargo dado a Simón Pedro no lo hizo cabeza de la Iglesia, ni infalible, ni supremo.

**«Pedro»** significa **«roca»** y **«piedra»** y viene del griego *Pétros* y del arameo *Cefas*. *Pétros* es el masculino de **Petra**. Es aquí donde se hace alusión al hecho de que Jesús afirmara ese nombre de Pedro. La expresión «**... y sobre esta roca edificaré mi iglesia**...» ha tenido tres interpretaciones:

(1) La interpretación de que Simón Pedro era esa «roca» de acuerdo a la tradición católica romana. Y según estos, Jesús de Nazaret le dio a Pedro prerrogativas e infalibilidad papal, y de él ha pasado a la descendencia papal.

En la Basílica de San Pedro en Roma, observé que el altar mayor solo es utilizado por el Papa. Y está ubicado sobre el supuesto sepulcro de Simón Pedro. Cerca se tiene el sepulcro del Papa Juan XXIII. En la bóveda baja mortuoria de los Papas, donde estaba Juan XXIII, se tiene ahora a Juan Pablo II.

(2) La interpretación de que se refiere a la verdad revelada a Pedro, de que Jesús era el Mesías. Es decir, que sobre esa verdad sería establecida la Iglesia. Para los Ortodoxos Griegos, evangélicos, Jesucristo no edificó su Iglesia sobre *Pétros*, sino sobre *petra* (la roca).

«En Dios solamente está acallada mi alma; de él viene mi salvación. **Él solamente es mi roca** y mi salvación; es mi refugio, no resbalaré mucho» (Sal. 62:1-2).

«Alma mía, en Dios solamente reposa, porque de él es mi esperanza. **Él solamente es mi roca** y mi salvación. Es mi refugio, no resbalaré. En Dios está mi salvación y mi gloria; en Dios está mi roca fuerte, y mi refugio» (Sal. 62:5-7).

(3) La interpretación de que Jesús es la verdadera «Roca» de la salvación y del fundamento de la Iglesia. La Iglesia está edificada sobre Cristo como la «Roca». Jesús es la Gran Piedra sobre la cual está edificada la Iglesia.

«Amados hermanos, no quiero que se olviden de lo que les sucedió a nuestros antepasados hace mucho tiempo en el desierto. Todos fueron guiados por una nube que iba delante de ellos y todos caminaron a través del mar sobre tierra seca. Todos ellos fueron bautizados en la nube y en el mar como seguidores de Moisés. Todos comieron el mismo alimento espiritual y todos bebieron la misma agua espiritual. **Pues bebieron de la roca espiritual que viajaba con ellos, y esa roca era Cristo**. Sin embargo, Dios no se agradó con la mayoría de ellos, y sus cuerpos fueron dispersados por el desierto» (1 Cor. 10:1-5, NTV).

La declaración, «... **y las puertas del Hades no prevalecerán contra ella**». En Cesarea de Filipos al pie del monte Hermón hay una gruta que se conocía como la Puerta del Hades, donde se adoraba al dios Pan con cuerpo humano, cuernos de cabra en la cabeza, pies cubiertos de piel de cabra y cascos en los pies de cabra. Y se presenta tocando una flauta. Era un lugar con diferentes templos a dioses romanos.

Pero aún más, aquellos que hemos visitado Cesarea de Filipos, yo unas 20 veces, sabemos por la historia y comprobamos con los hallazgos arqueológicos que allí frente a esa gruta donde nacía el manantial de Banias, se levantó la ciudad de Paneas para el dios Pan.

Según la mitología griega el dios Pan protegía a los pastores y a los rebaños en las grutas. Pan era también el dios de la fertilidad y la sexualidad. En los bosques perseguía a las jóvenes vírgenes. Andaba con una vara o una flauta o sinfonía. Era mitad humana y de la cintura hacia abajo tenía la forma de cabra. La palabra «pánico» viene de ese nombre del dios Pan. Un terremoto movió el nacimiento del manantial un poco más abajo como se ve hoy día.

Herodes El Grande construyó allí un templo romano. Luego su hijo Herodes Filipo construyó una ciudad herodiana en honor a Tiberio Cesar y le dio el nombre de Cesarea de Filipos para aparecer él también, y así no ser confundida con la Cesarea Marítima construida por su padre Herodes El Grande. Jesús de Nazaret llamó a aquella gruta «las puertas del Hades» o «las puertas del Infierno», haciendo alusión al culto del dios Pan, otras deidades y al culto del mismo emperador romano. Se encontró una inscripción del año 87 que menciona al dios Pan y a la ninfa de la montaña llamada Eco.

Alfonso Ropero Berzosa dice: «Después de la derrota de Marco Antonio, que había sido apoyado por Herodes, Augusto empezó a tener relación con Palestina. En contra de todo lo esperado, trató bondadosamente a Herodes, lo confirmó como rey, y añadió Samaria y Gádara a sus dominios. Herodes ofreció una lealtad sin límites a Augusto y erigió en su honor un templo de mármol blanco en Cesarea de Filipos» (*Gran Diccionario Enciclopédico de la Biblia*, Editorial CLIE, Barcelona 2013).

Desde luego el Hades se refería al lugar donde se confinaban los que habían fallecido. Hades significa «morada de los difuntos». En la mitología griega Hades era el dios del inframundo y se conocía en la mitología romana como Plutón. Y para Jesús de Nazaret y para la Iglesia, el Hades no sería una prisión. El Señor descendió al Hades y tomó de allí la cautividad para el cielo. La Iglesia nunca descenderá al Hades.

Alfonso Ropero Berzosa declara: «Según la concepción grecorromana, el inframundo estaba dividido en dos regiones: el Érebo, donde los muertos entran en cuanto mueren, y el Tártaro, la región más profunda, donde se había encerrado a los titanes. Era un lugar oscuro y funesto, habitado por formas y sombras incorpóreas, y custodiado por Cerbero, el perro de tres cabezas y cola de dragón. Siniestros ríos separaban el mundo subterráneo del mundo superior, y el anciano barquero Caronte conducía a las almas de los muertos a través de estas aguas. Los griegos enterraban a sus muertos, o los incineraban, con una moneda entre los dientes, para que el alma la ofreciera en pago a Caronte». (*Gran Diccionario Enciclopédico de la Biblia*).

El Salmo 16:9-10, un salmo mesiánico, profetizó: «Se alegró por tanto mi corazón, y se gozó mi alma; mi carne también reposará confiadamente, porque no dejarás mi alma en el Seol, ni permitirás que tu santo vea corrupción».

En Hechos 2:25-27, Simón Pedro citó el Salmo anterior como cumplimiento a la resurrección del Señor Jesucristo: «Porque David dice de él: Veía al Señor siempre delante de mí, porque está a mi diestra, no seré conmovido. Por lo cual mi corazón se alegró, y se gozó mi lengua, y aun mi carne descansará en esperanza, porque no dejarás mi alma en el Hades, ni permitirás que tu Santo vea corrupción».

En Apocalipsis 1:17-18, el Cristo glorificado y ascendido, proclama su total victoria sobre la muerte y el Hades, al declarar que tiene las llaves como símbolo de su autoridad:

«Cuando le vi, caí como muerto a sus pies. Y él puso su diestra sobre mí, diciéndome: No temas, yo soy el primero y el último, y el que vivo, y estuve muerto, mas he aquí que vivo por los siglos de los siglos, amén. Y tengo las llaves de la muerte y del Hades».

¡La Iglesia de Jesucristo es invencible! ¡Nadie ni nada ha podido destruir la Iglesia! Ante la Iglesia, el infierno cierra las puertas del mismo. Con la proclamación del evangelio, los predicadores cierran «las puertas del Hades». Cuando un alma se convierte a Jesucristo se cierran «las puertas del Hades». Los enemigos de la cruz sacrificaron a los mártires cristianos, destruyeron templos, pero no han podido ni podrán destruir a la Iglesia de Jesucristo. ¡La Iglesia de Jesucristo es indestructible!

Esto habla de seguridad eterna para el creyente. De protección presente para cada hijo de Dios, que ha nacido de nuevo. En Jesucristo estamos asegurados para la eternidad.

El Testamento Nueva Vida parafrasea así: «Y las potencias del infierno no podrán vencer a mi iglesia». Esto descarta las supuestas maldiciones generacionales de muchas enseñanzas, de que los creyentes necesitan ser liberados, y la enseñanza de demonios posesionando a creyentes.

Aunque no negamos, que cuando uno se convierte, y ha corrido alguna maldición sobre la familia comienza a correr una bendición generacional. En mi familia había una cadena de muchachos socialmente descontrolados, yo me convertí, cerca de cincuenta años después tenemos una cadena de policías: mi hermana se casó con un policía, mi sobrina es policía y está casada con un policía, yo ejercí por 21 años como capellán con el Departamento de Servicios Correccionales en el Estado de Nueva York. Y así sigue la cadena en otros familiares. Nos hemos llenado de ministros ordenados, mi suegra, mi esposa, mi hija, mi yerno, mi hermano, mi hermana, mi sobrino. ¡Jesucristo ha levantado una generación que le sirve!

«Y a ti te daré las llaves del reino de los cielos, y todo lo que atares en la tierra será atado en los cielos, y todo lo que desatares en la tierra será desatado en los cielos» (Mt. 16:19).

Las **«llaves del reino de los cielos»** representan la acción de proclamar y de enseñar el evangelio de Jesucristo. Simón Pedro utilizó una de las «llaves» cuando inauguró la época de la iglesia predicando en el día de Pentecostés (Hch. 2:14-39); en el pórtico de Salomón (Hch. 3:11-26); y en la casa de Cornelio el centurión (Hch. 10:34-47).

El predicar y enseñar el evangelio son «las llaves» con las cuales abrimos el «reino de los cielos» para los no creyentes. Cuanto más predicamos a un mundo que necesita conocer a Jesucristo, más abrimos «los cielos» para traerles esperanza a estas almas necesitadas.

A Simón Pedro también se le dio autoridad de atar y desatar en la tierra, y esa misma acción sería ratificada en los cielos. Eso implicaba, según los rabinos, prohibir y permitir. Esa autoridad no fue solo dada a Pedro, sino también a todos los otros once discípulos (Mt. 18:18); y según el ante-texto de Mateo 18:15-17, tiene que ver con la aplicación de la disciplina congregacional.

«Si uno de mis seguidores te hace algo malo, habla con él a solas para que reconozca su falta. Si te hace caso, lo habrás ganado de nuevo. Si no te hace caso, llama a uno o dos seguidores míos, para que te sirvan de testigos. La Biblia enseña que toda acusación debe hacerse frente a dos o más testigos. Y si aquel no les hace caso, infórmalo a la iglesia. Y si tampoco quiere hacerle caso a la iglesia, tendrás que tratarlo como a los que no creen en Dios, o como a uno de los que cobran impuestos para el gobierno de Roma» (Mt. 18:15-17, TLA).

Este relato se cierra con este versículo: «Entonces mandó a sus discípulos que a nadie dijesen que él era Jesús el Cristo» (Mt. 16:20). De esa expresión «Jesús el Cristo» se originó el nombre compuesto «Jesucristo». Al igual que Juan el Bautista, Jesús el Cristo, es nombre y función. Esta era una verdad muy prematura para ser compartida por los discípulos del Señor.

Cuando el sumo sacerdote Caifás interrogaba a Jesús después de ser arrestado en Getsemaní le cuestionó: «Te conjuro por el Dios viviente, que nos digas si eres tú el Cristo, el Hijo de Dios» (Mt. 26:63).

Jesús entonces le contestó: «Tú lo has dicho, y además os digo, que desde ahora veréis al Hijo del Hombre sentado a la diestra del poder de Dios, y viniendo en las nubes del cielo» (Mt. 26:64).

Los soldados del templo se burlaron de Él: «Profetízanos, Cristo, quién es el que te golpeó» (Mt. 26:68). Pilato, el gobernador romano, le preguntó: «¿Eres tú el Rey de los judíos? Y Jesús le dijo tú lo dices» (Mt. 27:11).

Todo esto nos deja ver claro, lo que la confesión de Simón Pedro implicaba en aquellos días, al reconocer a Jesús como el Cristo. Era declararlo el Mesías. ¡Esa afirmación significaba la muerte!

## Conclusión

En su confesión, Pedro afirmó que Jesús era el Mesías, el Cristo. Y esto debe motivarnos a nosotros a confesar públicamente quien fue Jesucristo y quien es Jesucristo para nosotros.

# 07
# La revelación a Pedro

Mateo 17:1-3, RVR1960

*«Seis días después, Jesús tomó a Pedro, a Jacobo y a Juan su hermano,*
*y los llevó aparte a un monte alto, y se transfiguró delante de ellos, y*
*resplandeció su rostro como el sol, y sus vestidos se hicieron blancos como*
*la luz. Y he aquí les aparecieron Moisés y Elías, hablando con él».*

## Introducción

Según el Comentario Bíblico de Matthew Henry: «Cuatro episodios se nos narran en este capítulo: el **primero** muestra a Jesús en la gloria de su transfiguración; el **segundo**, en la gracia de su poder; el **tercero** en la humillación de sus futuros sufrimientos; y el **cuarto**, en la pobreza material de su condición mortal en esta vida».

## 1. La revelación a los tres discípulos

«Seis días después, Jesús tomó a Pedro, a Jacobo y a Juan su hermano, y los llevó aparte a un monte alto, y se transfiguró delante de ellos, y resplandeció su rostro como el sol, y sus vestidos se hicieron blancos como la luz. Y he aquí que les aparecieron Moisés y Elías, hablando con él» (Mt. 17:1-3).

La Traducción En Lenguaje Actual rinde «se transformó»: «Frente a ellos, **Jesús se transformó**: Su cara brillaba como el sol, y su ropa se puso tan blanca como la luz del mediodía» (Mt. 17:2, TLA).

Para el evangelista Mateo fueron «**seis días después**» (Mt. 17:1), para Lucas fueron «**ocho días después**» (Lc. 9:28). Se declara: «Aconteció como **ocho días después** de estas palabras, que tomó a Pedro, a Juan y a Jacobo, y subió al monte a orar». Marcos 9:2 comparte lo mismo que Mateo 17:1 con los «**seis días después**». A Juan, por la razón que fuera, no le interesó compartir esta experiencia de la transfiguración, ya que en su evangelio se pone de manifiesto la divinidad y deidad del Señor Jesucristo.

Notamos que estos profetas Moisés y Elías con Jesús, el Profeta de la Galilea, suman tres testigos de parte de Dios. Pedro, Jacobo y Juan suman tres testigos de la Dódeka. Y esto nos recuerda el principio de los dos tres testigos en la Biblia:

**La ley requería de dos o tres testigos para acusar a alguien**: «No se tomará en cuenta a un solo testigo contra ninguno en cualquier delito ni en cualquier pecado, en relación con cualquiera ofensa cometida. Sólo por el testimonio de dos o tres testigos se mantendrá la acusación» (Dt. 19:15).

**La reprensión a un creyente por otro requiere dos o tres testigos**: «Mas si no te oyere, toma aún contigo a uno o dos, para que en boca de dos o tres testigos conste toda palabra» (Mt. 18:16).

Ese «monte alto» para algunos es el monte Hermón, y uno se puede basar en que en Mateo 16 leemos la confesión mesiánica que hizo Simón Pedro, y en el capítulo 17:1 se nos dice que seis días después Jesús llevó a sus tres discípulos a un monte alto.

Para otros ese «monte alto» es el monte Arbel. La tradición más fuerte es que es el monte Tabor, donde se tiene la Basílica de la Transfiguración construida encima de las ruinas de una iglesia bizantina de los siglos IV al VI. La construyó el arquitecto Antonio Barluzzi en el año 1924.

Este arquitecto construyó todos esos santuarios de peregrinación de los católicos en tierra santa. Se incluyen unos 24 templos en Tierra Santa (Israel con Jordania: Iglesia de las Naciones, Jardín de Getsemaní. Iglesia de la Transfiguración, Monte Tabor. Iglesia de las Bienventuranzas. Iglesia del Hospicio del Buen Pastor, Jericó. Iglesia de la Flagelación (restauración). Iglesia de la Visitación, Ain Karem. Iglesia de San Lázaro, Betania. Iglesia de los Ángeles, Campo de los Pastores, Belén. Dominus Flevit, Monte de los Olivos. Claustro de Belén (hizo restauración). Iglesia de Betfagé (significa «casa de las higueras sin madurar»). Trabajó con la Capilla Católica del Calvario en la Iglesia del Santo Sepulcro en Jerusalén.

Y dentro de la Basílica de la Transfiguración de la Iglesia Católica Latina en la nave central hay un mural con la pintura de la transfiguración. Y hay dos capillas una para Moisés y otra para Elías. La Iglesia Ortodoxa Griega tiene en el monte también su santuario para conmemorar este evento. He visitado ese lugar varias veces.

En el monte Tabor Débora le pidió a Barac que juntara el ejército en contra de Sísara:

«Y ella envió a llamar a Barac hijo de Abinoam, de Cedes de Neftalí, y le dijo: ¿No te ha mandado Jehová Dios de Israel, diciendo: **Ve, junta a tu gente en el monte de Tabor,** y toma contigo diez mil hombres de la tribu de Neftalí y de la tribu de Zabulón, y yo atraeré hacia ti al arroyo de Cisón a Sísara, capitán del ejército de Jabín, con sus carros y su ejército, y lo entregaré en tus manos?» (Ju. 4:6-7).

El monte Tabor (hebrel «Har Tavor») se levanta como el Guardián de los montes de Nazaret, montes de Efraín, monte Moré (llamado el Pequeño Hermón) y el monte Gilboa. El Tabor tiene forma de semi-esfera, es como una taza puesta al revés o una «kipá» o «charmuka» (jarmuca) usada por los judíos sobre sus cabezas para representar que están bajo sujeción a Dios. Se parece al «solideo» (solo Dios) utilizado por el Papa, obispos y cardenales. Está al noreste del valle de Jezreel, y al nordeste del valle de Esdraelón o Armagedón, en la Baja Galilea y a 11 millas de distancia del mar de Galilea.

El salmista reconoció la prominencia de estos dos montes: «El norte y el sur, tú los creaste; El **Tabor** y el **Hermón** cantarán en tu nombre» (Sal. 89:12).

William Barclay descartó la posibilidad del monte Tabor como escenario de la Transfiguración, considerando que en la época de este evento de Jesús de Nazaret, en la cima del mismo había establecida una fortaleza romana, por lo cual era imposible que Jesús tuviera acceso a dicho lugar. Sea como sea, en algún monte, Jesús realizó la transfiguración.

En el *Gran Diccionario Enciclopédico de la Biblia*, editado por Alfonso Ropero Berzosa, leemos en contra del argumento de William Barclay: «Pero lo único cierto es que Antíoco el Grande construyó allí trincheras, las cuales ya en tiempos de Jesucristo estaban deshechas y abandonadas, pues en la guerra judía contra Roma (69 d.C.) Josefo tuvo que subir de la base del monte los materiales para las fortificaciones que hubo de improvisar en 40 días. Tampoco había agua en la cima, y de haberse instalado en ella una plaza fuerte o un castillo con guarnición, era indispensable que existiera por lo menos alguna cisterna».

Flavio Josefo escribió con alusión al monte Tabor y los rebeldes del año 66 d.C. en la Guerra de los Judíos: «Y en Galilea hice fuertes estas villas, Taricheas, Tiberíades y Séforis, y aldeas, la cueva de los Arbelos, Ber-sobe, Selames, Jotapata, Capharath, Comosogana, Nephapha y el **monte Itabirio**. En estos lugares encerré también gran copia de trigo, y metí armas con que se defendiesen». Josefo llamó al monte Tabor monte Itabirio o Atarbyrion.

Es probable que fuese en el monte Tabor el lugar donde Jesús convocó a los discípulos después que resucitó: «Pero los once discípulos se fueron a Galilea, **al monte donde Jesús les había ordenado**» (Mt. 28:16).

Lucas 9:29 nos añade otro elemento al proceso de la transfiguración, y es la oración: «Y entre tanto que oraba, la apariencia de su rostro se hizo otra, y su vestido blanco y resplandeciente». Orando Jesús se fue transfigurando.

Alfonso Ropero define el término transfiguración: «Griego *metamorphóo*, μεταμορφόω, «cambiar de forma», de metá, que señala «cambio», y *morphé*, «forma». Se trata de un término que es casi técnico en griego y que evoca las transfiguraciones o cambios de figura que asumen (padecen) los dioses y seres divinos, tomando formas diversas para presentarse y actuar» (*Gran Diccionario Enciclopédico de la Biblia*).

Lucas omitió decir que Jesús se transfiguró o transformó como lo dicen Mateo y Marcos. Solo deja saber que hubo un cambio en su rostro. Los evangelistas complementan varios aspectos, al describir sus vestidos:

«Y entre tanto que oraba, **la apariencia de su rostro se hizo otra, y su vestido blanco y resplandeciente**» (Lc. 9:29).

Mateo 17:2 dice: «Y **se transfiguró delante de ellos**, y resplandeció su rostro como el sol, **y sus vestidos se hicieron blancos como la luz**».

Marcos 9:3 declara: «Seis días después, Jesús tomó a Pedro, a Jacobo y a Juan, y los llevó aparte solos a un monte alto; **y se transfiguró delante de ellos**».

Mateo señala que «**y resplandeció su rostro como el sol**». La figura del sol es utilizada en Malaquías 4:2 como aplicación mesiánica o título mesiánico:

«Mas a vosotros los que teméis mi nombre, **nacerá el Sol de justicia**, y en sus alas traerá salvación, y saldréis, y saltaréis como becerros de la manada».

«El pueblo que andaba en tinieblas vio gran luz, los que moraban en tierra de sombra de muerte, la luz resplandeció sobre ellos» (Is. 9:2).

En el libro de Apocalipsis se presentan dos manifestaciones, una del Cristo glorificado y otra de un ángel fuerte con el rostro como el sol:

**El Cristo glorificado**: «Cuando me volví para ver quién me hablaba, vi siete candelabros de oro. En medio de los candelabros vi a alguien que parecía ser Jesús, el Hijo del hombre. Vestía una ropa que le llegaba hasta los pies, y a la altura del pecho llevaba un cinturón de oro. Su cabello era tan blanco como la lana, y hasta parecía estar cubierto de nieve. Sus ojos parecían llamas de fuego, y sus pies brillaban como el bronce que se funde en el fuego y luego se pule. Su voz resonaba como enormes y estruendosas cataratas. En su mano derecha tenía siete estrellas, y de su boca salía una espada delgada y de doble filo. **Su cara brillaba como el sol de mediodía**» (Apoc. 1:12-16, TLA).

**El ángel fuerte envuelto en la nube**: «Vi descender del cielo a **otro ángel fuerte**, envuelto en una nube, con el arco iris sobre su cabeza, **y su rostro era como el sol**, y sus pies como columnas de fuego. Tenía en su mano un librito abierto; y puso su pie derecho sobre el mar, y el izquierdo sobre la tierra, y clamó a gran voz, como ruge un león, y cuando hubo clamado, siete truenos emitieron sus voces» (Apoc. 10:1-3).

Los intérpretes del libro del Apocalipsis tienen distintas opiniones al identificar a este «**otro ángel fuerte**»:

Primero, para unos este «otro ángel fuerte» es un ángel de rango mayor, pero no puede ser Cristo.

Ya que Cristo no necesita presentarse como ángel en el Apocalipsis. Aunque la manifestación de este «otro ángel fuerte» de Apocalipsis 10:1, es majestuosa, no es más gloriosa, ni sublime que la Cristofanía de Apocalipsis 1:12-16.

Segundo, para otros ese «otro ángel fuerte» es una presentación de Cristo.

**(1) Se señala que estaba**: «... **envuelto en una nub**e...». Apocalipsis 1:7 cita: «He aquí que viene con las nubes, y todo ojo le verá, y los que le traspasaron, y todos los linajes de la tierra harán lamentación por él. Sí, amén». «Miré, y he aquí una nube blanca; y sobre la nube uno sentado semejante al Hijo del Hombre, que tenía en la cabeza una corona de oro, y en la mano una hoz aguda» (Apocalipsis 14:14).

**(2) Se señala que poseía**: «... **pies como columnas de fuego**...». Apocalipsis 1:15 cita: «Y sus pies semejantes al bronce bruñido, refulgente como en un horno, y su voz como estruendo de muchas aguas».

**(3) Se señala que**: «... **tenía en su mano un librito abierto**...». Apocalipsis 5:1 cita: «Y vi en la mano derecha del que estaba sentado en el trono un libro escrito por dentro y por fuera, sellado con siete sellos».

**(4) Se señala que se posicionó**: «... **y puso su pie derecho sobre el mar, y el izquierdo sobre la tierra**...». Demostrando autoridad sobre estos dos elementos.

**(5) Se señala que se afirmó**: «... **y clamó a gran voz, como ruge un león**». Apocalipsis 5:5 cita: «Y uno de los ancianos me dijo: No llores. He aquí que el León de la tribu de Judá, la raíz de David, ha vencido para abrir el libro y desatar sus siete sellos».

Lo expresado por Mateo sobre la transfiguración de Jesús de Nazaret: «**y resplandeció su rostro como el sol**», nos hace recordar la experiencia de la transfiguración del rostro de Moisés y del rostro de Esteban:

**La transformación facial de Moisés:** «Y aconteció que descendiendo Moisés del monte Sinaí con las dos tablas del testimonio en su mano, al descender del monte, **no sabía Moisés que la piel de su rostro resplandecía**, después que hubo hablado con Dios. Y Aarón y todos los hijos de Israel miraron a Moisés, y he aquí **la piel de su rostro era resplandeciente**, y tuvieron miedo de acercarse a él» (Ex. 34:29-30).

«Y cuando acabó Moisés de hablar con ellos, puso un velo sobre su rostro. Cuando venía Moisés delante de Jehová para hablar con él, se quitaba el velo hasta que salía, y saliendo, decía a los hijos de Israel lo que le era mandado. Y al mirar los hijos de Israel el rostro de Moisés, **veían que la piel de su rostro era resplandeciente**, y **volvía Moisés a poner el velo sobre su rostro, hasta que entraba a hablar con Dios**» (Ex. 34:33-35).

El texto de la Vulgata en Latín traducido por Jerónimo lee: «Cumque descenderet Moses de monte Sinai tenebat duas tabulas testimonii et ignorabat quod **cornuta esset facies** sua ex consortio sermonis Dei». Literalmente: «Luego, Moisés bajó del monte Sinaí con las dos tablas del Testimonio en su mano. Al bajar, no sabía que su rostro tenía cuernos, por haber hablado con Yahvé» (Ex. 34:29).

La traducción de la Vulgata por Félix Torres Amat lee: «Y al bajar Moisés del monte Sinaí, traía consigo las dos tablas de la Ley, más no sabía que a causa de la conversación con el Señor, despedía su rostro rayos de luz» (Visión Libros. Barcelona, 1983).

Por una inadecuada traducción de este al pasaje de Éxodo 34:29, Jerónimo en vez de traducir del hebreo *karan ohr panav* («un rostro del que emanaban rayos de luz»), él tradujo «cuernos de luz». De ahí el Moisés con cuernos tan popular por el artista y escultor Miguel Ángel.

Y literalmente decía: «**de su frente salían cuernos de luz**». Moisés se caracteriza por tener, lo que Jerónimo tradujo por cornuta *esset facies sua* que «**su rostro era cornudo**»). El error en la traducción es posible debido a que la palabra «**karan**» en hebreo puede significar «**rayo**» o «**cuerno**».

Miguel Ángel se inspiró en esta traducción de la Vulgata para su trabajo escultórico, y por eso puso cuernos en esa magnífica estatua de Moisés, que está en San Pietro en Vincoli. Yo he visitado dicha iglesia, viendo el Moisés con cuernos. De ahí que tengo una pequeña colección del Moisés con cuernos, que fui adquiriendo por cada una de las siete veces que ascendí el monte Sinaí (2,285 metros o 7,497 pies de altura). Otros pintores, talladores, de igual manera tomando el texto de la Vulgata presentaron a Moisés con cuernos.

**La transformación facial de Esteban:** «Entonces todos los que estaban sentados en el concilio, al fijar los ojos en él, **vieron su rostro como el rostro de un ángel**» (Hch. 6:15).

Mateo comparó los vestidos del transfigurado Jesús de Nazaret: «**blancos como la luz**». Marcos declaró: «**tanto que ningún lavador en la tierra los puede hacer tan blancos**». Lucas dijo: «**y su vestido blanco y resplandeciente**» (Lc. 9:29).

El contexto de Mateo 17, se encuentra entre el anuncio que hizo Jesús de Nazaret de su muerte y su retorno en gloria:

Mateo 16:27-28 declara: «Porque el Hijo del Hombre vendrá en la gloria de su Padre con sus ángeles, y entonces pagará a cada uno conforme a sus obras. De cierto os digo que hay algunos de los que están aquí, que no gustarán la muerte, hasta que hayan visto al Hijo del Hombre viniendo en su reino».

Mateo 17:22-23 declara: «Estando ellos en Galilea, Jesús les dijo: El Hijo del Hombre será entregado en manos de hombres, y le matarán; mas al tercer día resucitará. Y ellos se entristecieron en gran manera».

El Maestro estaba preparando a sus discípulos de confianza para aquel momento de su arresto, crucifixión y muerte. Pero también les revelaba la esperanza de su resurrección.

Mateo 17:3 dice que Moisés y Elías solo hablaron: «Y he aquí les aparecieron Moisés y Elías, **hablando con él**».

Lucas 9:30-31 nos dice lo que hablaron: «Y he aquí dos varones que **hablaban con él**, los cuales eran Moisés y Elías, quienes aparecieron rodeados de gloria, **y hablaban de su partida, que iba Jesús a cumplir en Jerusalén**» (Lc. 9:30-31). El término griego para partida es éxodo. Ir a Jerusalén era el éxodo para el Maestro. Marcos 9:6 deja ver que Simón Pedro desconocía lo que Jesús hablaba con ellos: «**Porque no sabía lo que hablaba**, pues estaban espantados».

Moisés y Elías, representantes de la ley y los profetas, conectados con los últimos días o el *eschaton* profético, estaban allí presentes como seres vivos con cuerpos glorificados.

Moisés tuvo que haber sido resucitado después de haber muerto y ser sepultado en el monte Nebo, ya que el diablo quería su cuerpo, y que lugar más seguro que el cielo:

«**Y murió allí Moisés siervo de** Jehová, en la tierra de Moab, conforme al dicho de Jehová. **Y lo enterró en el valle**, en la tierra de Moab, enfrente de Bet-peor; **y ninguno conoce el lugar de su sepultura hasta hoy**» (Dt. 34:5-6).

Flavio Josefo ofrece esta versión final sobre Moisés, indicando que no murió, sino que fue llevado al cielo en una nube:

Luego se dirigió al lugar donde debía desaparecer de su vista, seguido por toda la multitud que lloraba; Moisés hizo seña con la mano a los que estaban más alejados indicándoles que se detuvieran, mientras exhortaba a los que estaban cerca a que no hicieran tan lamentable su partida. Pensaron entonces que debían acordarle ese favor, dejándolo partir como él quisiera, y se contuvieron, aunque siguieron llorando entre sí. Lo acompañó el senado, Eleazar el sumo sacerdote y Josué su comandante.

Cuando llegaron al **monte llamado Abarim**, (que es una montaña muy alta, situada frente a Jericó, ofreciendo al que estaba sobre ella una vista de la mayor parte de la excelente tierra de Canaán), despidió al senado; y cuando iba a abrazar a Eleazar y Josué, y mientras seguía conversando con ellos, de pronto **se puso sobre él una nube** y **Moisés desapareció en un valle; aunque él escribió en los libros sagrados que murió**, lo que hizo por temor de que se aventuraran a decir que por su extraordinaria virtud se había ido con Dios (*Antigüedades de los Judíos*).

«Pero cuando **el arcángel Miguel contendía con el diablo, disputando con él por el cuerpo de Moisés**, no se atrevió a proferir juicio de maldición contra él, sino que dijo: El Señor te reprenda» (Judas 1:9).

Elías fue trasladado al cielo y recibió su cuerpo glorificado, al igual que Enoc, no vieron muerte:

«Vivió Enoc sesenta y cinco años, y engendró a Matusalén. Y caminó Enoc con Dios, después que engendró a Matusalén, trescientos años, y engendró hijos e hijas. Y fueron todos los días de Enoc trescientos sesenta y cinco años. **Caminó, pues, Enoc con Dios, y desapareció, porque le llevó Dios**» (Gn. 5:21-24).

«Por la fe **Enoc fue traspuesto para no ver muerte, y no fue hallado, porque lo traspuso Dios**, y antes que fuese traspuesto, tuvo testimonio de haber agradado a Dios» (Heb. 11:5).

La presencia glorificada de Moisés y Elías con Jesucristo en la transfiguración, presenta el cuadro del *eschaton* de Cristo con y por su Iglesia. Donde

Moisés representa a los santos resucitados y Elías a los santos transformados, en la venida de Jesucristo para levantar a su Iglesia.

Pablo de Tarso escribió: «Pero permítanme revelarles un secreto maravilloso. ¡No todos moriremos, pero todos seremos transformados! Sucederá en un instante, en un abrir y cerrar de ojos, cuando se toque la trompeta final. Pues, cuando suene la trompeta, **los que hayan muerto resucitarán para vivir por siempre**. Y nosotros, **los que estemos vivos, también seremos transformados**. Pues nuestros cuerpos mortales tienen que ser transformados en cuerpos que nunca morirán; **nuestros cuerpos mortales deben ser transformados en cuerpos inmortales**. Entonces, cuando nuestros cuerpos mortales hayan sido transformados en cuerpos que nunca morirán, se cumplirá la siguiente Escritura: 'La muerte es devorada en victoria. Oh muerte, ¿dónde está tu victoria? Oh muerte, ¿dónde está tu aguijón?'» (1 Cor. 15:51-55, NTV).

«Les decimos lo siguiente de parte del Señor: nosotros, los que todavía estemos vivos cuando el Señor regrese, no nos encontraremos con él antes de los que ya hayan muerto. Pues el Señor mismo descenderá del cielo con un grito de mando, con voz de arcángel y con el llamado de trompeta de Dios. Primero, **los creyentes que hayan muerto se levantarán de sus tumbas**. Luego, junto con ellos, nosotros, **los que aún sigamos vivos sobre la tierra, seremos arrebatados en las nubes para encontrarnos con el Señor en el aire**. Entonces estaremos con el Señor para siempre» (1 Tes. 4:15-17, NTV).

En la Cena Pascual los judíos mencionan a estos dos testigos: Moisés y Elías. Son los dos profetas principales para el pueblo judío. Y nos recuerdan totalmente a los dos testigos apocalípticos:

«Estos dos profetas son los dos olivos y los dos candelabros que están delante del Señor de toda la tierra. Si alguien trata de hacerles daño, sale fuego de sus bocas y consume a sus enemigos. Así debe morir cualquiera que intente hacerles daño. Ellos tienen el poder de cerrar los cielos para que no llueva durante el tiempo que profeticen. También tienen el poder de convertir los ríos y los mares en sangre, y de azotar la tierra cuantas veces quieran con toda clase de plagas» (Apoc. 11:4-6, NTV).

**Los dos testigos nos recuerdan a Josué y Zorobabel:** «Habla ahora a Zorobabel hijo de Salatiel, gobernador de Judá, y a Josué hijo de Josadac, sumo sacerdote, y al resto del pueblo, diciendo: ¿Quién ha quedado entre vosotros que haya visto esta casa en su gloria primera, y cómo la veis ahora? ¿No es ella como nada delante de vuestros ojos? Pues ahora, Zorobabel, esfuérzate, dice

Jehová; esfuérzate también, Josué hijo de Josadac, sumo sacerdote; y cobrad ánimo, pueblo todo de la tierra, dice Jehová, y trabajad, porque yo estoy con vosotros, dice Jehová de los ejércitos» (Hag. 2:2-4).

Estos dos testigos apocalípticos nos recuerdan a Moisés y a Elías en las señales manifestadas por ellos. El texto bíblico de Apocalipsis 11 no los identifica por nombres.

## 2. La declaración de Simón Pedro

«Entonces Pedro dijo a Jesús: Señor, bueno es para nosotros que estemos aquí; si quieres, hagamos aquí tres enramadas: una para ti, otra para Moisés, y otra para Elías» (Mt. 17:4).

Esas palabras «**tres enramadas**» (RV1960), se puede traducir: «**tres albergues**» (NVI); «**tres chozas**» (PDT); «**tres pabellones**» (RV1909) y «**tres cabañas**» (BHTI).

Según Lucas 9:32 los discípulos vencieron al sueño: «Y Pedro y los que estaban con, **estaban rendidos de sueño, mas permaneciendo despiertos**, vieron la gloria de Jesús y a los dos varones que estaban con él».

Muchas veces debemos vencer el sueño para no perder las revelaciones y las palabras que el Espíritu Santo puede traer a nuestras vidas. Especialmente cuando se predica y enseña la Biblia. ¡Vence el sueño!

Estar en la presencia gloriosa del Maestro, despertó en Simón Pedro con Jacobo el Mayor y Juan, el deseo de disfrutar de aquella gloria y aquella presencia. Ya quisiéramos estar siempre bajo su gloria. Pero debemos saber que le servimos por fe, y que las experiencias místicas son momentáneas.

## 3. La afirmación a los tres discípulos

«Mientras él aún hablaba, una nube de luz los cubrió, y he aquí una voz desde la nube, que decía: **Este es mi Hijo amado, en quien tengo complacencia; a él oíd**» (Mt. 17:5).

En la Nueva Versión Internacional se traduce: «Entonces salió de la nube una voz que dijo: «Este es mi Hijo, mi escogido; escúchenlo» (Lc. 9:35, LBLA). Notemos: «mi escogido» habla de elección divina, en vez de «mi hijo amado» (filiación divina), como traduce Reina Valera.

La nube siempre representa la presencia de Dios. Es un recordatorio de la promesa divina:

«Y Jehová iba delante de ellos de día **en una columna de nube para guiar-los** por el camino, y de noche en una columna de fuego para alumbrarles, a fin de que anduviesen de día y de noche. Nunca se apartó de delante del pueblo la columna de nube de día, ni de noche la columna de fuego» (Ex. 13:21-22).

**«Y entró Moisés en medio de la nube,** y subió al monte; y estuvo Moisés en el monte cuarenta días y cuarenta noches» (Éx. 24:18).

«Y habiendo dicho estas cosas, viéndolo ellos, fue alzado, **y le recibió una nube que le ocultó de sus ojos»** (Hch. 1:9).

«Luego nosotros los que vivimos, los que hayamos quedado, **seremos arrebatados juntamente con ellos en las nubes para recibir al Señor en el aire,** y así estaremos siempre con el Señor» (1 Tes. 4:17).

El Padre se complació con el Hijo al ser bautizado en el río Jordán por Juan el Bautista:

«Y Jesús, después que fue bautizado, subió luego del agua, y he aquí los cielos le fueron abiertos, y vio al Espíritu de Dios que descendía como paloma, y venía sobre él. Y hubo una voz de los cielos, que decía: **Este es mi Hijo amado, en quien tengo complacencia»** (Mt. 3:16-17).

El deseo de Simón Pedro fue interrumpido por el deseo del Padre. Al Padre no le complacía las tres enramadas, a los discípulos si los complacía. Al Padre no lo complacía Moisés y Elías, a Él lo complacía el Hijo. El amor del Padre al Hijo es lo que más le complace.

Cuando amamos al Hijo, el Padre se complace. Ama al Hijo y tendrás contento al Padre. Moisés y Elías tuvieron la primera palabra, pero el Padre tuvo la última palabra. Cuando el Padre habló, ya la presencia de Moisés y Elías era innecesaria y desaparecieron como habían aparecido.

En la presencia del Hijo amado por el Padre, los rangos y los títulos, las personalidades y los ungidos, la Ley y los Profetas, no harán falta. Solo el Hijo es el complaciente.

El recién nacido Mesías fue introducido por las huestes angelicales a los pastores de Belén:

«De pronto, **un ángel de Dios se les apareció, y la gloria de Dios brilló alrededor de ellos.** Los pastores se asustaron mucho, pero el ángel les dijo: 'No tengan miedo. Les traigo una buena noticia que los dejará muy contentos: ¡**Su Salvador acaba de nacer en Belén**! ¡**Es el Mesías, el Señor**! Lo reconocerán porque está durmiendo en un pesebre, envuelto en pañales'. De pronto, muchos ángeles aparecieron en el cielo y alababan a Dios cantando: '¡Gloria a Dios en el cielo, y paz en la tierra para todos los que Dios ama!'. Después de que los ángeles volvieron al cielo, los pastores se dijeron unos a otros: '¡Vayamos corriendo a Belén para ver esto que Dios nos ha anunciado!'. Los pastores fueron de prisa a Belén, y encontraron a María y a José, y al niño acostado en el pesebre. Luego salieron y contaron lo que el ángel les había dicho acerca del niño. Todos los que estaban allí se admiraron al oírlos» (Lc. 2:9-18, TLA).

Ahora fue el Padre Celestial quien introdujo a los tres discípulos Simón, Pedro y Juan, y a su Hijo Jesús con su gloria divina:

«Mientras Pedro hablaba, una nube brillante vino y se detuvo sobre ellos. Desde la nube se oyó una voz que decía: 'Este es mi Hijo, yo lo amo mucho y estoy muy contento con él. Ustedes deben obedecerlo'» (Mt. 17:5, TLA).

## 4. La reacción de los tres discípulos

«Al oír esto los discípulos, se postraron sobre sus rostros, y tuvieron gran temor. Entonces Jesús se acercó y los tocó, y dijo: Levantaos, y no temáis. Y alzando ellos los ojos, a nadie vieron sino a Jesús solo» (Mt. 17:6-8).

Aquella fue una postura reverencial. La voz del Padre Celestial, privilegio tenido por pocos seres humanos de haberla escuchado, produjo en ellos un temor de respeto y adoración.

Pero el Hijo que entendía a sus discípulos, los amaba, se acercó a ellos, aunque estaban cerca de Dios, el Dios que se hizo humano se acercó a ellos. Necesitaban un toque de Él. Allí, les declaró: «Levantaos, y no temáis». Ya los discípulos estaban acostumbrados a ese mensaje de ánimo y fortaleza.

«... **Y alzando ellos los ojos, a nadie vieron sino a Jesús solo**» (Mt. 17:8). Cuando ellos alzaron los ojos, Moisés y Elías ya no estaban presentes. Habían desaparecido. Su momento presencial y su función había terminado. Solo estaba la presencia del Hijo amado del Padre.

La más importante de las tres personas fue Jesús de Nazaret. Ellos vinieron para acompañarlo a Él y no Él a ellos. Es posible uno ofuscarse tanto y entretenerse con las revelaciones, con los programas, con los cantantes, con los músicos, con la coreografía que dejemos de centralizarnos en la presencia del Hijo Amado.

En la tétrada de los seres vivientes y los veinticuatro ancianos, el Cordero es la figura central:

«Entonces vi a un Cordero que parecía que había sido sacrificado, pero que ahora estaba de pie entre el trono y los cuatro seres vivientes y en medio de los veinticuatro ancianos. Tenía siete cuernos y siete ojos que representan los siete aspectos del Espíritu de Dios, el cual es enviado a todas las partes de la tierra» (Apoc. 5:6, NTV).

Lucas 9:36 nos aclara: «Y cuando cesó la voz, **Jesús fue hallado solo**; y **ellos callaron,** y por aquellos días **no dijeron nada a nadie de lo que habían visto».** Jesús quiere la adoración solo para Él. Desea la alabanza solo para Él. Su gloria no la podía compartir ni con Moisés ni con Elías.

## 5. La prohibición a los tres discípulos

«Cuando descendieron del monte, Jesús les mandó, diciendo: **No digáis a nadie la visión,** hasta que el Hijo del Hombre resucite de los muertos» (Mt. 17:9).

Aquella experiencia era muy personal, no era el tiempo de poderla compartir con otros. Lucas se limita a declarar: «Y por aquellos días no dijeron nada a nadie de lo que habían visto». De hecho no la entenderían en ese momento; otros eventos ocurrirían antes como la muerte y resurrección del Maestro, entonces entenderían mejor la transfiguración.

«Entonces sus discípulos le preguntaron, diciendo: ¿Por qué, pues, dicen los escribas que es necesario que Elías venga primero? Respondiendo Jesús, les dijo: A la verdad, Elías viene primero, y restaurará todas las cosas. Mas os digo que Elías ya vino, y no le conocieron, sino que hicieron con él todo lo que quisieron; así también el Hijo del Hombre padecerá de ellos. Entonces los discípulos comprendieron que les había hablado de Juan el Bautista» (Mt. 17:10-13).

Aquella experiencia produjo una inquietud en los tres íntimos del Señor Jesucristo. Deseaban saber si Elías debería llegar primero. Jesús les aclaró que ya Elías había llegado restaurando las cosas. Y afirmó que había llegado y lo maltrataron. Lo mismo harían con Él. Y sin decir el nombre a qué Elías se refería, ellos entendieron que era Juan el Bautista.

Años después cuando el apóstol Simón Pedro escribió su Segunda Epístola Petrina, compartió aquel testimonio de la transfiguración de Jesús de Nazaret.

«Porque no os hemos dado a conocer el poder y la venida de nuestro Señor Jesucristo siguiendo fábulas artificiosas, sino como habiendo visto con nuestros propios ojos su majestad. Pues cuando **él recibió de Dios Padre honra y gloria,** le **fue enviada desde la magnífica gloria una voz que decía: Este es mi Hijo amado, en el cual tengo complacencia. Y nosotros oímos esta voz enviada del cielo,** cuando estábamos con él en el monte santo» (2 P. 1:16-18).

## Conclusión

Los tres discípulos Simón Pedro, Juan y Jacobo el Mayor, pudieron disfrutar con Jesús aquella gloria que voluntariamente se inhibió de manifestar, pero que en aquel monte la manifestó.

# 08
# El estatero y Pedro

Mateo 17:24-27, RVR1960

*«Sin embargo, para no ofenderles, ve al mar, y echa el anzuelo,*
*y el primer pez que saques, tómalo, y al abrirle la boca,*
*hallarás un estatero; tómalo, y dáselo por mí y por ti».*

## Introducción

«En el lago de la ciudad de Capernaum al norte del mar de Galilea en los tiempos de Jesús, un pescador esperaba un dracma que equivalía al pago por un día de trabajo. En eso llegó su jefe quien además del dracma le ofreció uno de los peces que recién habían sacado del lago.

El pescador aceptó agradecido. Entonces su jefe equivocadamente en lugar de darle un dracma le dio un estatero que equivalía a cuatro veces la suma estipulada. El obrero al percatarse se hizo el disimulado y lo recibió junto al pez que estaba en una canasta cerca del lago.

Pero para que su jefe no le reclamase nada escondió el estatero dentro de la boca del pez sin darse cuenta que este aun estaba vivo por lo que, al sacudirse, cayó al lago llevándose la moneda.

Más tarde un pescador llamado Simón, poblador de aquella ciudad había arrojado su anzuelo al lago, era el mes de Adar cuando los judíos pagaban el impuesto para el mantenimiento del Templo».

¡Interesante narrativa! Sebastián Colotto de manera muy magistral e hiperbólica pudo ilustrar en las palabras anteriores la historia de cómo Simón Pedro pescó al pez con el estatero, para pagar los impuestos de los dos dracmas por cada uno, de él y del maestro.

## 1. La pregunta de los cobradores de impuestos a Simón Pedro

«Cuando llegaron a Capernaum, vinieron a Pedro los que cobraban los dos dracmas, y le dijeron: ¿Vuestro Maestro no paga los dos dracmas?» (Mt. 17:24).

Estaba establecido en la ley judía, desde la época de Moisés que todo varón mayor de veinte años de edad, tenía que pagar los impuestos para el templo. Para la época del Nazareno, el pago cambiado a la moneda era de dos dracmas. El salario de un día era un dracma, por lo tanto, el impuesto era de dos días de salario.

«Cada vez que hagas un censo del pueblo de Israel, cada hombre contado tendrá que pagar al SEÑOR un rescate por sí mismo. Así ninguna plaga herirá a los israelitas cuando los cuentes. Cada persona contada tendrá que dar una pequeña pieza de plata como ofrenda sagrada al SEÑOR (este pago es de medio siclo, según el siclo del santuario, que equivale a veinte geras).

Cuando presenten esta ofrenda al SEÑOR para purificar sus vidas y hacerse justos ante él, el rico no dará más del montón establecido y el pobre no dará menos. Recibe el dinero del rescate de los israelitas y úsalo para cuidar el tabernáculo. Esto hará que el SEÑOR se acuerde de los israelitas y servirá para purificarles su vida» (Ex. 30:12-13, 15-16, NTV).

«Además, **nos impusimos la obligación de contribuir cada año con cuatro gramos de plata para los gastos del templo de nuestro Dios**: el pan de la Presencia; las ofrendas y el holocausto diarios; los sacrificios de los sábados, de la luna nueva y de las fiestas solemnes; las ofrendas sagradas; los sacrificios de expiación por el pecado de Israel, y todo el servicio del templo de nuestro Dios» (Neh. 10:32-33, NVI).

Aquel cobrador de impuestos se encontró con Simón Pedro, y le interrogó si su Maestro pagaba el impuesto para el templo. Es decir, que todavía no lo había pagado y tenía que pagarlo. No le cobró a Simón Pedro su impuesto, pero lo implicaba.

Si a estos señores cobradores no se les pagaba –parecidos a los publicanos o cobradores de impuestos para Roma–, tenían la facultad de arrestar a la persona y ponerla en la cárcel hasta satisfacer su deuda. Eran en aquel entonces el IRS de los EE.UU. o las Rentas Internas de Latinoamérica.

## 2. La pregunta de Jesús a Simón Pedro sobre a quién se le deben cobrar los impuestos

«Él dijo: Sí. Y al entrar él en casa, Jesús le habló primero, diciendo: ¿Qué te parece, Simón? Los reyes de la tierra, ¿de quiénes cobran los tributos o los impuestos? ¿De sus hijos, o de los extraños?» (Mt. 17:25).

La Traducción En Lenguaje Actual rinde: «Pedro contestó: –Sí, lo paga. Cuando Pedro entró en la casa donde estaban todos, Jesús le habló primero y le dijo: –Dime, Pedro, ¿a quiénes cobran los reyes impuestos y contribuciones? ¿A los ciudadanos de su reino, o a los extranjeros?».

Simón Pedro sabía que su Maestro no tenía problemas en pagar sus deudas. Por eso contestó con ese monosílabo: «Si». Jesús no se dirigió al cobrador de impuesto, se dirigió a su discípulo para enseñarle algo. El buen maestro siempre está enseñando algo a sus alumnos. El líder debe ser un ejemplo en el manejo de sus finanzas, pagos a los acreedores, impuestos al gobierno, y entrega de los diezmos y ofrendas a la iglesia local.

El Maestro estaba dentro de la casa de Simón Pedro, no había escuchado nada de la conversación tenida por Simón Pedro con el cobrador afuera en la calle. Pero Jesús de Nazaret mostró su omnisciencia. Antes de Simón Pedro decirle algo de su conversación con el agente cobrador de impuestos, ya el Maestro lo sabía. Y le preguntó: «... Jesús le habló primero, diciendo: ¿Qué te parece, Simón? Los reyes de la tierra, ¿de quiénes cobran los tributos o los impuestos? ¿De sus hijos, o de los extraños?» (Mt. 17:25).

Durante su ministerio terrenal, Jesús de Nazaret, varias veces resaltó su atributo de omnisciencia:

«Al llegar allí, Jesús dijo a dos de sus discípulos: Vayan a ese pueblo que se ve desde aquí. **Tan pronto como entren, van a encontrar una burra atada, junto con un burrito**. Desátenlos y tráiganmelos» (Mt. 21:2, TLA).

«Pero como **Jesús conocía las malas intenciones que tenían**, les dijo: ¡Hipócritas! ¿Por qué quieren ponerme una trampa? Muéstrenme una de las monedas que se usan para pagar el impuesto. Entonces le trajeron una moneda de plata» (Mt. 22:18-19, TLA).

**«Jesús se dio cuenta de lo que ellos estaban pensando**, así que llamó al hombre que no podía mover la mano y le dijo: Levántate, y párate en medio de todos. El hombre se levantó y se paró en el centro» (Lc. 6:8, TLA).

«Natanael le preguntó: ¿Cómo es que me conoces? Jesús le respondió: **Me fijé en ti cuando estabas bajo la higuera**, antes que Felipe te llamara» (Jn. 1:48, TLA).

«Jesús le dijo: Ve a llamar a tu esposo y regresa aquí con él. No tengo esposo, respondió la mujer. Jesús le dijo: **Es cierto, porque has tenido cinco, y el hombre con el que ahora vives no es tu esposo**. Al oír esto, la mujer le dijo: Señor, me parece que usted es un profeta» (Jn. 4:16-19, TLA).

«Jesús ya **sabía quién iba a traicionarlo**, por eso dijo que no todos estaban limpios» (Jn. 13:11, TLA).

A lo dicho por el Maestro de la Galilea, el discípulo residente de Capernaum, afirmó:

«Pedro le respondió: De los extraños. Jesús le dijo: Luego los hijos están exentos» (Mt. 17:26). Si era de los extraños o extranjeros, los príncipes estaban exentos.

El Hijo del Padre Celestial, por ser con el Padre, eran dueños de toda la creación, dueños de la luz, dueños del aire, dueños de la tierra, dueños de la vida, dueños de todo, él, como Hijo, no necesitaba pagar contribuciones al gobierno ni a la religión. Él tenía exoneración e inmunidad por virtud de su poder y señorío.

## 3. El ejemplo de Jesús a Simón Pedro al pagar los impuestos

«Sin embargo, para no ofenderles, ve al mar, y echa el anzuelo, y el primer pez que saques, tómalo, y al abrirle la boca, hallarás un estatero; tómalo, y dáselo por mí y por ti» (Mt. 17:27).

La Traducción En Lenguaje Actual lee: «Sin embargo, para que estos cobradores no se enojen, ve al mar y echa tu anzuelo. Ábrele la boca al primer pez que saques, y allí encontrarás una moneda. Toma ese dinero, y paga mi impuesto y el tuyo».

La Nueva Traducción Viviente rinde: «Sin embargo, no queremos que se ofendan, así que desciende al lago y echa el anzuelo. Abre la boca del primer pez que saques y allí encontrarás una gran moneda de plata. Tómala y paga mi impuesto y el tuyo».

Esa expresión «sin embargo para no ofenderles» (RV60). La transliteración del griego lee: **skandalísomen** o «**poner tropiezo**». El no cumplir con la ley, no cumplir con los deberes y responsabilidades como ciudadanos; no cumplir como creyentes es una manera de ofender y escandalizar.

Jesús de Nazaret le enseñó a Simón Pedro el principio de la responsabilidad, del deber humano, de cumplir con las leyes, de no eludir las deudas, de pagar las contribuciones. Pagar a los que se debe es evitar que se enojen y que se ofendan. Un creyente que no paga es un creyente sin un testimonio cristiano. Nosotros predicamos el evangelio con palabras al mundo y el mundo lee en nuestra conducta el evangelio.

Nosotros como creyentes debemos ser responsables en traer al alfolí nuestros diezmos y ofrendas. Es un deber como almas agradecidas a un Dios que nos ha bendecido con tantas cosas, que ha provisto para nuestras necesidades. Deseamos mantener abiertas las ventanas de los cielos con prosperidad y bendiciones para nuestras vidas.

«Traigan todos los diezmos al depósito del templo, para que haya suficiente comida en mi casa. Si lo hacen –dice el SEÑOR de los Ejércitos Celestiales–,

les abriré las ventanas de los cielos. ¡Derramaré una bendición tan grande que no tendrán suficiente espacio para guardarla! ¡Inténtenlo! ¡Pónganme a prueba! Sus cosechas serán abundantes porque las protegeré de insectos y enfermedades. Las uvas no caerán de las vides antes de madurar –dice el SEÑOR de los Ejércitos Celestiales–». (Mal. 3:10-11, NTV).

¿Por qué Jesús de Nazaret no envío a Simón Pedro para pedirle los cuatro dracmas al tesorero Judas? No lo sabemos, lo más probable que estaba muy lejos en ese momento. Otra observación, es que tanto el Maestro como el discípulo estaban sin recursos financieros disponibles. Eso me recuerda posteriormente cuando Simón Pedro y Juan hijo de Zebedeo, también fueron apóstoles sin finanzas.

«Pedro y Juan lo miraron fijamente, y Pedro le dijo: ¡Míranos! El hombre lisiado los miró ansiosamente, esperando recibir un poco de dinero, pero Pedro le dijo: Yo no tengo plata ni oro para ti, pero te daré lo que tengo. En el nombre de Jesucristo de Nazaret, ¡levántate y camina!» (Hch. 3:4-6, NTV).

Interesante es como los predicadores de la prosperidad transforman a Jesús de Nazaret en un millonario, para ellos justificar su mensaje de prosperidad, cuando en los evangelios nos encontramos con un Jesús todo lo contrario, el Jesús pobre para los pobres. También vemos que los discípulos eran pobres.

Interpretan los tres regalos traídos por los sabios del oriente al infante Jesús, como una millonada para la familia, y una demostración de que también debemos ser ricos y bendecidos como Jesús de Nazaret.

«Después de escuchar al rey, los sabios salieron hacia Belén. Delante de ellos iba la misma estrella que habían visto en su país. Finalmente, la estrella se detuvo sobre la casa donde estaba el niño. ¡Qué felices se pusieron los sabios al ver la estrella! Cuando entraron en la casa, vieron al niño con María, su madre, y se arrodillaron para adorarlo. Abrieron los cofres que llevaban y le regalaron al niño oro, incienso y mirra» (Mt. 2:9-11, TLA).

Esos regalos eran costosos, y en mucho ayudaron a José y María en su viaje y estadía en Egipto durante dos años. No tengo problemas en creer en la prosperidad como provisión para nuestras necesidades. Tengo problemas con la manipulación de una prosperidad ambiciosa, codiciosa, que beneficia más al que la enseña que al que la escucha. Porque pone a los que están enseñados a sembrar en los que enseñan este mensaje exagerado de prosperidad.

Toman la mención de su manto de una sola costura y lo transforman en un manto sumamente costoso, para así justificar el uso de costosas ropas y lujosas mansiones:

«Una vez que los soldados terminaron de crucificarlo, tomaron la ropa de Jesús y la dividieron en cuatro partes, una para cada uno de ellos. También tomaron la túnica, la cual no tenía costura y había sido tejida de arriba a abajo en una sola pieza» (Jn. 19:23, NTV).

La realidad es que Jesús le fue muy sincero a sus discípulos no ofreciéndoles falsas promesas y hablándoles de una prosperidad fantasiosa, les dijo que no tenía nada.

«Jesús le contestó: Las zorras tienen cuevas y las aves tienen nidos, pero yo, el Hijo del hombre, **no tengo un lugar donde descansar**» (Mt. 8:20, TLA).

«Por la tarde, los discípulos se acercaron a Jesús y le dijeron: Este lugar está muy solitario, y ya se está haciendo tarde. Jesús les dijo: Denles ustedes de comer. Ellos respondieron: **No podemos comprar pan para tanta gente. ¡Para eso nos hace falta el salario de todo un año!** Jesús les dijo: Vayan a ver cuántos panes tienen ustedes. Ellos fueron, y al rato regresaron diciendo: Tenemos cinco panes y dos pescados» (Mc. 6:35, 37-38, TLA).

Jesús de Nazaret le quiso enseñar a Simón Pedro, que se debe cumplir con la ley, aunque uno se sienta con ciertos derechos, de ahí ese: «Sin embargo, para no ofenderles»:

«**Sin embargo...**»: «Si lo que ves con tu ojo derecho te hace desobedecer a Dios, es mejor que te lo saques y lo tires lejos. Es preferible que pierdas una parte del cuerpo y no que todo tu cuerpo sea arrojado al infierno. Si lo que haces con tu mano derecha te hace desobedecer, es mejor que te la cortes y la tires lejos. Es preferible que pierdas una parte de tu cuerpo y no que todo tu cuerpo se vaya al infierno» (Mt. 5:29-30, TLA).

«**Sin embargo...**»: «Por eso yo jamás voy a comer algo, si por comerlo hago que un miembro de la iglesia peque» (1 Cor. 8:13, TLA).

«**Sin embargo...**»: «Si otros tienen ese derecho, con más razón lo tenemos nosotros. Pero no hemos hecho valer ese derecho, sino que todo lo hemos soportado, con tal de no crear problemas al anunciar la buena noticia de Cristo» (1 Cor. 9:12, TLA).

«**Sin embargo...**»: «Cuando estoy con los que apenas empiezan a ser cristianos, me comporto como uno de ellos para poder ayudarlos. Es decir, me he hecho igual a todos, para que algunos se salven» (1 Cor. 9:22, TLA).

Simón Pedro, obedeció al Maestro que le ordenó ir al mar, echar su anzuelo, tomar el primer pez que saliera, abrirle la boca y sacar la moneda de un estatero que tendría adentro. Con esa moneda el discípulo pagaría las contribuciones por él y por el Maestro de los cuatro dracmas. El estatero era el equivalente a los cuatro dracmas.

Alguien perdió o se le cayó una moneda de plata llamada estatero, cerca de la orilla en aquel lago de Capernaum, un pez teledirigido por la providencia divina, fue movido para ver la moneda en el fondo del lago, y llegó hasta la misma. El pez fue atraído por el anzuelo de Simón Pedro, lo atrapó en su boca y fue halado hasta el pescador. Al abrirle la boca, tal y como lo ordenó el Maestro, el pescado tenía encerrada la moneda que pagaría los impuestos por Jesús de Nazaret y por Simón Pedro.

Los peregrinos o locales degustan en cualquiera de los restaurantes de Tiberiades, Israel, cerca del lago de Tiberias, el rico pescado llamado el Pescado de San Pedro, nombrado como recordatorio de este milagro. Es probable que haya sido el pez barbo que pescó Simón Pedro. Pero el que se come como llamado Pescado de San Pedro es el pez musht, que es el más popular en los negocios del lago de Tiberias. He comido ese Pescado de San Pedro muchas veces, y disfruto al pensar que uno parecido sirvió para el milagro del Maestro.

**«... Toma ese dinero, y paga mi impuesto y el tuyo»** (Mt. 17:27). Jesús canceló su deuda, pero le hizo el favor a Simón Pedro de cancelarle la deuda de este. El Maestro nos enseña a pagar deudas, a pagar los impuestos, a dar testimonio de responsabilidad. Espiritualizando esto, en el Calvario, Jesucristo pagó la deuda del pecado por todos nosotros.

«Cristo hizo suyos nuestros pecados, y por eso murió en la cruz. Lo hizo para que nosotros dejemos por completo de hacer el mal, y vivamos haciendo el bien. Cristo fue herido para que ustedes fueran sanados» (1 P. 2:24, TLA).

«Porque Cristo murió una vez y para siempre para perdonarnos nuestros pecados. Él era bueno e inocente, y sufrió por los pecadores, para que ustedes pudieran ser amigos de Dios. Los que mataron a Cristo destruyeron su cuerpo, pero él resucitó para vivir como espíritu» (1 P. 3:18, TLA).

«Por la muerte de Cristo en la cruz, Dios perdonó nuestros pecados y nos liberó de toda culpa. Esto lo hizo por su inmenso amor. Por su gran sabiduría y conocimiento» (Ef. 1:7-8, TLA).

Declaró el teólogo alemán Dietrich Bonhoeffer: «Jesús murió solo en la cruz, abandonado por sus discípulos. Junto a él no pendían dos de sus fieles, sino dos asesinos. Pero al pie de la cruz se encontraban todos, enemigos y creyentes, los que dudaban y los que temían, los que se burlaban de él y aquellos sobre los que él había triunfado; por todos ellos y por sus pecados se elevó en esta hora la oración de Jesús pidiendo a Dios que los perdonase.

El amor misericordioso de Dios vive en medio de sus enemigos. Es el mismo Jesús que nos llama por su gracia a seguirle, y cuyo perdón hizo feliz en sus últimos momentos al ladrón crucificado» (El Precio de la Gracia: El Seguimiento, Ediciones Sígueme, Salamanca 2004).

## Conclusión

Este milagro de Jesús de Nazaret que ocurrió días después del milagro de la Transfiguración, demostró el gran poder de Dios que el Maestro poseía. Jesús enseñó a sus discípulos a cumplir con la ley.

# 09
# La pregunta de Pedro

Mateo 18:21-23, RVR1960

*«Entonces se le acercó Pedro y le dijo: Señor, ¿cuántas veces perdonaré a mi hermano que peque contra mí? ¿Hasta siete? Jesús le dijo: No te digo hasta siete, sino aun hasta setenta veces siete».*

## Introducción

Simón Pedro es siempre el preguntón del grupo de la Dódeka (Jn. 21:12; Lc. 12:41. Pero las preguntas de Mateo 18:21-23 al ser contestadas por el Maestro, son las respuestas para nosotros. Simón Pedro es nuestra voz.

## 1. La confrontación en privado al ofensor

«Por tanto, si tu hermano peca contra ti, ve y repréndele estando tú y él solos; si te oyere, has ganado a tu hermano» (Mt. 18:15).

«Si uno de mis seguidores te hace algo malo, habla con él a solas para que reconozca su falta. Si te hace caso, lo habrás ganado de nuevo» (TLA).

Todos ofendemos de palabra o en acciones, reconocer nuestras ofensas ante el ofendido trae sanación interior. Y de igual manera corregir a quién nos ha ofendido, nos ha faltado el respeto, nos ha maltratado, produce sanación interior.

No podemos dejar que el ser ofendido por alguien se convierta dentro de uno en una semilla de resentimiento. Por lo tanto, es mejor llamar al ofensor y dejarle saber cómo nos ofendió, en espera de que reconozca su falta y error, admitiéndolo y confesándolo, y entonces al perdonarlo uno se libera así mismo del enojo. En ese caso, ambos ganan, el ofensor y el ofendido.

## 2. La confrontación con testigos al ofensor

«Mas si no te oyere, toma aún contigo a uno o dos, para que en boca de dos o tres testigos conste toda palabra» (Mt. 18:16).

«Si no te hace caso, llama a uno o dos seguidores míos, para que te sirvan de testigos. La Biblia enseña que toda acusación debe hacerse frente a dos o más testigos» (TLA).

Es muy probable que el ofensor se justifique por su conducta, no admita su ofensa, y en ese caso el ofendido debe buscar a dos testigos que sean creyentes (que hayan visto y oído algo de lo ocurrido), y delante de ellos acusarlo por su falta y su ofensa. De este dejarse convencer por los testigos, y aceptar su culpa, el ofendido debe perdonar al ofensor.

## 3. La confrontación en público al ofensor

«Si no los oyere a ellos, dilo a la iglesia; y si no oyere a la iglesia, tenle por gentil y publicano» (Mt. 18:17).

«Y si aquel no les hace caso, infórmalo a la iglesia. Y si tampoco quiere hacerle caso a la iglesia, tendrás que tratarlo como a los que no creen en Dios, o como a uno de los que cobran impuestos para el gobierno de Roma» (TLA).

Lamentablemente, muchos en vez de confrontar al ofensor; lo que hacen es contar a otros lo que le hizo el ofensor, y así se esparce una humarada de chismes, que arrastra a otros al pecado del chisme. Si tienes que decir algo a otro de alguien, mejor dilo a ese alguien y el mensaje llegará sin distorsionarse.

Si alguien te habla a ti de otro creyente, en vez de perder el tiempo escuchando lo malo que dice del otro, para luego contarle al ofendido sobre lo que dijo el ofensor, debes reprender al ofensor ahí mismo, y defender la reputación y el testimonio del ofendido.

En caso del ofensor no admitir culpa ante los testigos que han tratado de convencerlo de que admita su mala conducta o su falta a su hermano, el ofendido debe reportarlo a los líderes de la congregación. Estos trataran de que el ofensor se retracte de su ofensa, pero si aún persiste en su inocencia sin pruebas y en su ofensa sin razón, los líderes de la congregación deben avergonzarlo ante la misma.

## 4. La autoridad de la Iglesia

«De cierto os digo que todo lo que atéis en la tierra, será atado en el cielo; y todo lo que desatéis en la tierra, será desatado en el cielo» (Mt. 18:18).

«Les aseguro que cualquier cosa que ustedes prohíban aquí en la tierra, desde el cielo Dios la prohibirá. Y cualquier cosa que ustedes permitan, también Dios la permitirá» (TLA).

Antes esta autoridad el Señor Jesucristo se la había dado a Simón Pedro, después de este haber confesado: «...Tú eres el Cristo, el Hijo del Dios viviente» (Mt. 16:16).

«A ti, Pedro, te daré autoridad en el reino de Dios. Todas las cosas que tú prohíbas aquí en la tierra, desde el cielo Dios las prohibirá. Y las cosas que tú permitas, también Dios las permitirá» (Mt. 16:19, TLA).

Aquí se señala la autoridad que se le dio primero a Simón Pedro de atar y desatar, luego a todos los apóstoles, y ahora a los ministros de aplicar medidas disciplinarias a quien haya pecado trayendo descrédito y un mal testimonio para la comunidad de fe. Cuando los líderes y la iglesia disciplina, el cielo lo endosa. Deja de ser un asunto aquí en la tierra y se convierte en un asunto del cielo, entre el ofensor y Dios.

Estos pasajes de Mateo 16:16 y 18:18, son prerrogativas para aplicar y levantar la disciplina a un creyente ofensor. Pero la tradición Católica Romana los toma como absolución de los pecados al penitente que hace confesión:

«Dios, Padre misericordioso, que reconcilió consigo al mundo por la muerte y la resurrección de su Hijo y derramó el Espíritu Santo para la remisión de los pecados, te conceda, por el ministerio de la Iglesia, el perdón y la paz. Y yo te absuelvo de tus pecados en el nombre del Padre y del Hijo y del Espíritu Santo» (*Catecismo de la Iglesia Católica*, #1449).

Otros de tendencias pentecostales toman los pasajes ya mencionados para establecer los niveles de autoridad espiritual que tiene la iglesia, los líderes y los creyentes para atar y desatar cosas y personas en el mundo espiritual desde bendiciones hasta milagros financieros. Y muchas veces se toman extremos en el empleo de esta fórmula.

Atan las maldiciones y desatan las bendiciones. Atan la pobreza y desatan la riqueza. Atan la enfermedad y desatan la sanidad. Atan la opresión y desatan la liberación. Atan la tristeza y desatan la alegría. Atan el mal y desatan el bien. Atan los problemas y desatan las soluciones. Atan las derrotas y desatan las victorias. Atan la necesidad y desatan la provisión. Atan el desánimo y desatan el ánimo. Atan el miedo y desatan la valentía. Atan las dudas y desatan la fe. Atan esto y desatan aquello.

Desde luego, eso de **atar** y **desatar** no presenta ningún peligro espiritual, siempre y cuando se declare con cautela y no atente a realizar el trabajo que le corresponde a nuestro Señor Jesucristo. Tratar de actuar con una prerrogativa divina, mandando y ordenando como Dios, es usurpar la soberanía de Dios.

Muchas veces en una emoción o impulso espiritual pasamos la frontera de lo que podemos hacer y lo que le toca a Dios hacer. Dios es soberano, hace lo que quiere, hace como quiere, hace cuando quiere; hace con quien quiere, hace donde quiere, hace porque quiere. ¡Dios es Dios!

Literalmente **atar** es prohibir y **desatar** es permitir. La disciplina aplicada por un ministro aquí en la tierra, Dios en el cielo la ve aplicada. La disciplina levantada por un ministro, Dios en el cielo la ve levantada.

El apóstol Pablo sentó un ejemplo sobre esta medida disciplinaria de Mateo 18:18 con un hombre que en la congregación de Corinto convivía íntimamente con su madrastra, y el apóstol tuvo que señalarlo enérgicamente.

También el apóstol Pablo señaló en su Epístola a los Romanos a un grupo de pleitosos que se oponían a la verdadera enseñanza, eran unos mentirosos y los creyentes tenían que separarse de ellos. Y en 1 y 2 de Timoteo mencionó a Alejandro, Himeneo y Fileto.

**Pablo de Tarso señaló el pecado de un creyente en Corinto**: «Ya todo el mundo sabe que **uno de ustedes está viviendo con su madrastra, como si viviera con su esposa.** ¡Eso está muy mal! ¡Ni siquiera los que no son cristianos hacen algo así! Y ustedes se sienten orgullosos de esto, cuando **deberían estar avergonzados** y **haber echado de la iglesia a ese hombre.** Yo, aunque estoy lejos, siempre me preocupo y pienso en ustedes.

Así que, la próxima vez que se reúnan, hagan de cuenta que estoy con ustedes, y recuerden que tienen el poder y la autoridad del Señor Jesús. Por eso, de parte de Jesucristo les digo que ese hombre es culpable, y que deben entregarlo a Satanás. De ese modo, aunque Satanás destruya su cuerpo, su espíritu se salvará cuando vuelva el Señor Jesús» (1 Cor. 5:1-5, TLA).

Los creyentes de la congregación de Corinto se habían acostumbrado con el estado pecaminoso de este miembro que hizo vida de pareja con su madrastra (esposa de su padre). Y el apóstol Pablo confrontó esa mala conducta permisiva por ellos, y los reprimió para que lo expulsaran o excomulgaran inmediatamente. Ellos tenían la autoridad para ejecutar esa medida disciplinaria. En este sentido tenían que atar esta disciplina.

**Pablo perdonó al ofensor de Corinto**: «No quiero exagerar en este asunto, pero la persona que causó mi tristeza, hasta cierto punto también causó la tristeza de todos ustedes. Pero ya es suficiente con el castigo que la mayoría de ustedes le impuso. Ahora **deben perdonarlo y ayudarlo a sentirse bien**, para que no vaya a enfermarse de tanta tristeza y remordimiento. Yo les ruego que, una vez más, le **muestren que lo aman**» (2 Cor. 2:5-8, TLA)

El excomulgado o disciplinado corrigió su conducta, se arrepintió y le tocaba entonces a los líderes con la congregación desatar la disciplina, aplicándole el proceso del perdón y demostrándole su amor. De esa manera lo liberaban de la tristeza y el remordimiento de una conciencia culpable.

**Pablo rogó a la iglesia de Corinto que perdonara al ofensor**: «La carta que les escribí era para saber si realmente están dispuestos a obedecerme en todo. Yo, por mi parte, **estoy dispuesto a perdonar a todo el que ustedes perdonen**, suponiendo que haya algo que perdonar. Lo hago pensando en ustedes, y poniendo a Cristo como testigo. Así Satanás no se aprovechará de nosotros. ¡Ya conocemos sus malas intenciones!» (2 Cor. 2:9-11, TLA).

Aquí Pablo de Tarso estaba dispuesto a desatar la disciplina que ató a aquel ofensor ante la comunidad de creyentes corintios. Si ellos perdonaron ya, él también perdonaba.

**Pablo de Tarso señaló a los pleitosos en la congregación en Roma:** «Queridos hermanos, les ruego que se fijen en los que causan pleitos en la iglesia. Ellos están en contra de todo lo que a ustedes se les ha enseñado. **Apártense de esa gente**, porque no sirven a Cristo, nuestro Señor, sino que **buscan su propio bien**. Hablan a la gente con palabras bonitas, pero **son unos mentirosos y engañan a los que no entienden**» (Rom. 16:17-18, TLA).

La congregación de Roma en ausencia del apóstol Pablo, era sus ojos para él ver y sus oídos para él oír. Tenían que ser cero tolerantes con aquellos que causaban conflictos en la comunidad de fe. Separarse de ellos era lo correcto.

**Pablo de Tarso señaló la oposición de Alejandro el calderero:** «Cuídate de Alejandro, el herrero, pues **me ha hecho mucho daño** y **está en contra de lo que enseñamos**. Pero yo sé que el Señor Jesucristo habrá de castigarlo» (2 Tim. 4:14-15, TLA).

Timoteo es aconsejado por su mentor y autoridad, a tener cuidado y a mantener distancia con Alejandro el calderero, el herrero, el latonero, el broncista. Este había hecho mucho daño al apóstol con palabras y acciones. El que ofende mi autoridad espiritual, También me ofende a mí. El que habla mal de mi autoridad espiritual habla mal de mí.

**Pablo de Tarso señaló la expulsión de Himeneo y Alejandro:** «Serás un soldado que confía en Dios, y a quien no se le puede acusar de nada malo.

Algunas personas, como **Himeneo y Alejandro, dejaron de confiar en Dios**. Por eso **no les permití seguir en la iglesia**, para **que Satanás haga con ellos lo que quiera**, y así aprendan a no insultar a Dios» (1 Tim. 1:19-20, TLA).

Este dúo de ministros dañados, Himeneo y Alejandro que puede ser el mismo ya mencionado (2 Tim. 4:14-15), dejaron de tener fe en Dios. Se comportaban como gente vacíos de fe. A ellos dos, uña y dedo, Pablo de Tarso los tuvo que expulsar de la congregación.

**Pablo de Tarso señaló las malas enseñanzas de Himeneo y Fileto**: «No prestes atención a las discusiones de los que no creen en Dios, pues eso no sirve de nada. Los que así discuten, van de mal en peor, y sus malas enseñanzas se van extendiendo, como el cáncer. **Así también lo han hecho Himeneo y Fileto**» (2 Tim. 2:16-17, TLA).

Ahora Himeneo, que primero hizo mancuerna con Alejandro el calderero, ahora hace mancuerna con Fileto. La infidelidad, la deslealtad y la rebelión, siempre están reclutando. Por eso el apóstol Pablo describió esta contaminación o propagación **«como el cáncer»**.

## 5. La unidad de la iglesia

«Otra vez os digo, que si dos de vosotros se pusieren de acuerdo en la tierra acerca de cualquiera cosa que pidieren, les será hecho por mi Padre que está en los cielos» (Mt. 18:19).

«Les aseguro que si dos de ustedes se ponen de acuerdo, aquí en la tierra, para pedirle algo a Dios que está en el cielo, él se lo dará» (TLA),

Aquí Jesús de Nazaret enfatizó el poder que hay en la oración unida en comunidad. El ponerse de acuerdo orando, es poner de acuerdo al Padre que contestará. Cuando la Iglesia se pone de acuerdo en la tierra, el cielo también se pone de acuerdo.

## 6. La pregunta del perdón por Pedro

«Entonces se le acercó Pedro y le dijo: Señor, ¿cuántas veces perdonaré a mi hermano que peque contra mí? ¿Hasta siete?» (Mt. 18:21).

«Entonces Pedro se acercó a Jesús y le preguntó: Señor, si un miembro de la iglesia me hace algo malo, ¿cuántas veces debo perdonarlo? ¿Solo siete veces?» (TLA).

Simón Pedro trató de impresionar al Maestro con dos interrogantes. La primera pregunta esperaba cantidad: **«¿Cuántas veces perdonaré a mi hermano que peque contra mí?»**. La segunda pregunta daba respuesta: **«¿Hasta siete?»**.

Para el apóstol Pedro perdonar al hermano que le ofendiera era una gran preocupación. Y él sabía que perdonar generosamente era extender el perdón hasta siete veces a la misma persona. El siete es el número de la perfección, el número sagrado, el número de Dios. La religión de sus días enseñaba que el perdón se tenía que aplicar tres veces. Simón Pedro añadió cuatro veces más que la tradición. Se mostró demasiado generoso perdonando.

## 7. La respuesta del perdón por Jesús

«Jesús le dijo: No te digo hasta siete, sino aun **hasta setenta veces siete**» (Mt. 18:22).

«Jesús le contestó: No basta con perdonar al hermano solo siete veces. **Hay que perdonarlo una y otra vez**; es decir, siempre» (TLA).

Jesús de Nazaret no se dejó impresionar por la cifra o el número tan alto de Simón Pedro, le dijo que multiplicara sus siete actos de perdón por 70 actos de perdón, es decir, el Apóstol de Piedra tenía que perdonar 490 veces.

Esto enseña que el perdón cristiano no tiene límites, es infinito, se debe aplicar siempre. El perdón es siempre multiplicado. Esta enseñanza se puede ilustrar así: en 24 horas dormimos unas 8 horas, entonces estamos despiertos 16 horas, entonces se debería perdonar unas casi 30 veces por hora. ¡Esto suena muy exagerado! El acto de perdonar es exagerado, no tiene límites, es siempre.

El Dr. Martin Luther King, Jr. escribió sobre esta cifra del perdón: «¿Cuántas veces he de perdonar a mi hermano si peca contra mí? ¿Hasta siete veces?». **Pedro quería ser fiel a la ley y a la estadística.** Pero Jesús respondió que el perdón no tenía límites. «No digo hasta siete veces, sino hasta setenta veces siete».

En otras palabras: **el perdón no es cuestión de cantidad, sino de calidad.** Un hombre no puede perdonar cuatrocientas noventa veces sin que el perdón se integre en la misma estructura de su ser. **El perdón no es un acto ocasional**; **es una actitud permanente**» (*La Fuerza de Amar*, Acción Cultural Cristiana, Madrid 1999, pg. 40).

## Conclusión

El perdón es el mayor acto que un creyente puede expresar para así parecerse al Gran Maestro, que siempre emuló la gran lección de perdonar a otros.

# 10
# La disuasión de Pedro

Lucas 9:51, RVR1960

*«Cuando se cumplió el tiempo en que él había de ser recibido arriba, afirmó su rostro para ir a Jerusalén».*

«Desde entonces comenzó Jesús a declarar a sus discípulos que le era necesario ir a Jerusalén y padecer mucho de los ancianos, de los principales sacerdotes y de los escribas, y ser muerto, y resucitar al tercer día.

Entonces Pedro, tomándolo aparte, comenzó a reconvenirle, diciendo: Señor, ten compasión de ti; en ninguna manera esto te acontezca. Pero él, volviéndose, dijo a Pedro: ¡Quítate de delante de mí, Satanás!, me eres tropiezo, porque no pones la mira en las cosas de Dios, sino en las de los hombres» (Mateo 16:21-23, RVR1960).

## Introducción

Jesús había subido muchas veces a Jerusalén A los ocho días de nacido fue llevado al templo para la ceremonia de circuncisión y para recibir su nombre (Lc. 2:21); donde además recibió bendiciones y profecías acerca de Él, por el anciano Simeón (Lc. 2:25-35). Una anciana de nombre Ana daba gracias y hablaba del niño a todos (Lc. 2:36-38).

La próxima vez que se ve a Jesús en el templo es a la edad de doce años, cuando disputaba con los ancianos:

«Iban sus padres todos los años a Jerusalén en **la fiesta de la pascua**, y cuando tuvo doce años, subieron a Jerusalén conforme a la costumbre de la fiesta. Al regresar ellos, acabada la fiesta, se quedó el niño Jesús en Jerusalén, sin que lo supiesen José y su madre» (Lc. 2:41-43).

«Y aconteció que tres días después le hallaron en el templo, sentado en medio de los doctores de la ley, oyéndoles y preguntándoles. Y todos los que le oían, se maravillaban de su inteligencia y de sus respuestas» (Lc. 2:46-47).

Es probable que esta subida de Jesús con sus padres, haya sido en preparación para ayunar y prepararse para el próximo año celebrar su *Bar Mitzvah*, edad donde un niño judío mediante esta ceremonia se hace «hijo de la Ley» y pasa de niño a hombre. Por vez primera puede leer La Torah y ser parte del grupo de hombres que se reúnen para orar.

Jesús como todo judío devoto debió haber subido a Jerusalén para la fiesta de la Pascua, llevado durante su niñez y adolescencia por sus padres (José fue su padrastro). Ya luego solo, crecido, asistió una veintena de veces más. En el Nuevo Testamento se mencionan algunas fiestas de la pascua, a las cuales Jesús asistió con sus discípulos.

«Estando en Jerusalén en **la fiesta de la pascua**, muchos creyeron en su nombre, viendo las señales que hacía» (Jn. 2:23).

«Antes de **la fiesta de la pascua**, sabiendo Jesús que su hora había llegado para que pasase de este mundo al Padre, como había amado a los suyos que estaban en el mundo, los amó hasta el fin» (Jn. 13:1).

Para Jesús esta última subida que coincidía con la celebración de su última pascua, sería la más importante para Él, para sus discípulos y para toda la humanidad. Subiría para dar inicio a la semana última de su ministerio y vida terrenal, iniciando la introducción a la pasión.

## 1. La revelación de Jesús

«Desde entonces comenzó Jesús a declarar a sus discípulos que le era necesario ir a Jerusalén y padecer mucho de los ancianos, de los principales sacerdotes y de los escribas, y ser muerto, y resucitar al tercer día» (Mt. 16:21).

El tiempo ya llegaba, se aproximaba el «kairós», para Jesús ir preparando a sus discípulos y desacostumbrarlos a su presencia corporal y terrenal. Les llegaría el día cuando ya no lo tendrían más con Él en la manera como estaban acostumbrados; tendrían otra relación espiritual con el Espíritu de Cristo y con su presencia mística.

Nosotros tenemos que preparar a nuestros seres queridos y significativos para ese día de la separación, cuando también tendremos que subir a la otra Jerusalén, la celestial. Aquí estamos solo de pasada. Los años avanzan y muy prontos nos iremos.

A sus discípulos, Jesús les reveló que tendría que ir a Jerusalén, para allí morir. El Gran Maestro estaba consciente que en esa Pascua se cumpliría su destino. allí moriría.

De igual manera los hijos de los profetas que estaban en Bet-el y los que estaban en Jericó sabían que Elías habría de ser llevado al cielo y separado de

Eliseo: «¿Sabes que Jehová te quitará hoy a tu Señor de sobre ti?» (2 R. 2:3-5). A ambos grupos, Eliseo les respondió: «Sí, yo lo sé; callad» (2 R. 2:3-5).

La separación y traslado de Elías, no era una sorpresa para ninguno de ellos, ni para el mismo Eliseo. De alguna manera por Elías o de otra manera se les había revelado. Por eso decía Eliseo: «Cállense la boca, ya yo sé eso». Hay noticias que no son noticias cuando ya uno las sabe.

Los hijos de los profetas sabían que Elías sería quitado, Eliseo también lo sabía, la diferencia era que aquellos no estaban interesados en la unción ni en el manto, Eliseo si quería la doble porción, quería ser su sucesor. ¿Cómo quién quieres ser cuando seas grande? Eliseo cuando grande quería ser como Elías.

Esta subida a Jerusalén sería la más importante para el Hombre-Dios y el Dios-Hombre. Con este viaje y la subida a Jerusalén se habría de iniciar la última escena del plan de la salvación para la humanidad.

Jesús no dijo: «Pienso subir». «Deseo subir». «Espero subir». «Siento subir». El dijo que **le era necesario ir a Jerusalén y padecer**. Su voluntad estaba predeterminada. Cuando tengas que decidir hacer algo, hazlo. No juegues con tus decisiones o convicciones. No pospongas el propósito divino para ti. El salmista declaró: «Jehová cumplirá su propósito en mí» (Sal. 138:8). Cuando Dios cumple su propósito en ti, deja que Dios también te transforme en su propósito para otros.

Jesús de Nazaret siempre estuvo presto para decidir algo y hacer algo. Su misión aquí en la tierra estaba muy definida:

«Entonces él les dijo: ¿Por qué me buscabais? ¿No sabíais que en los negocios de mi Padre me es necesario estar?» (Lc. 2:49).

«Jesús le dijo: ¿Qué tienes conmigo, mujer? Aún no ha venido mi hora» (Jn. 2:4).

«Cuando se cumplió el tiempo en que él había de ser recibido arriba, afirmó su rostro para ir a Jerusalén» (Lc. 9:51).

«Y después del bocado, Satanás entró en él. Entonces Jesús le dijo: Lo que vas a hacer, hazlo pronto» (Jn. 13:27).

Hay viajes que deben ser revelados y confirmados en nuestras vidas. Ese viaje para subir a Jerusalén era la perfecta y completa voluntad para Jesús. Nunca te muevas a ningún lugar fuera de la aprobación divina.

Los salmos 120 al 134 son conocidos como los Salmos Graduales o Cánticos de las Gradas, a medida que los judíos devotos iban ascendiendo Jerusalén por la parte sur, los iban entonando. De seguro que Jesús y sus discípulos hacían coro entonando estos salmos-oraciones.

*El Gran Diccionario Enciclopédico de la Biblia*, editado por Alfonso Ropero Berzosa, dice de estos Salmos Graduales: «Shir hammaaloth, תּוֹלֲעַמַּה רׁיׁש =

«cántico de las gradas»; Sept. odé ton anabathmôn, ᾠδὴ τῶν ἀναβαθμῶν, Vulg. canticum graduum. Expresión que aparece en el título de 15 salmos, del 120 al 134, así designados bien porque se cantaban subiendo 15 gradas que había entre el patio de las mujeres y el de los varones en el Templo, bien porque en su composición hay cierta gradación, o –y es la opinión general–, porque los cantaban los peregrinos al ir subiendo hacia Jerusalén». (Editorial CLIE, Barcelona 2013).

## 2. La disuasión de Simón Pedro

«Entonces Pedro, tomándolo aparte, comenzó a reconvenirle, diciendo: Señor. Ten compasión de ti; en ninguna manera esto te acontezca» (Mt. 16:22).

La **Nueva Traducción Viviente** declara: «Entonces Pedro lo llevó aparte **y comenzó a reprenderlo por decir semejantes cosas.** ¡Dios nos libre, Señor! –dijo–. Eso jamás te sucederá a ti».

Simón Pedro tomó aparte al Señor Jesucristo para reprenderlo (NTV). Quiso hablar privadamente con Él, para expresarle su gran preocupación. Lo que Jesús había acabado de decir que era necesario de que subiera a Jerusalén, Simón Pedro vio que tenía que disuadirlo:

«Desde entonces comenzó Jesús a declarar a sus discípulos que le era necesario ir a Jerusalén y padecer mucho de los ancianos, de los principales sacerdotes y de los escribas; y ser muerto, y resucitar al tercer día» (Mt. 16:21).

La preocupación de Simón Pedro por la seguridad humana de su Maestro se puso de manifiesto ante la revelación de su anunciada muerte en Jerusalén. La reacción del apóstol sonaba justa, cargada de preocupación.

¿Cómo reaccionamos nosotros cuando alguien nos anuncia que un examen de una condición física ha dado positivo en el laboratorio? ¿Qué sus días de vida están pronto para terminar? Acaso lo tomamos de manera frívola, sin expresar ningún sentimiento de pena, de aflicción y de empatía. No podemos juzgar a Pedro por su reacción humana, reaccionó como un amigo, como un discípulo que amaba a su Maestro.

Simón Pedro pensó en lo anunciado por el Maestro en términos de la humanidad de Él, y no en términos de su divinidad. El discípulo vio la vida presente y no vio la vida eterna; se vio él y a los otros compañeros; no nos vio a millones de futuros creyentes en generaciones futuras.

Simón Pedro pensaría en el martirio de Jesús, el escarnio a manos del sanedrín por los fariseos y escribas; no visualizó la entrega voluntaria que haría el Hijo de Dios por la expiación de la humanidad pasada, presente y futura que te incluye a ti y a mí, y a muchos que todavía no han nacido y si nacieron todavía no son salvos.

Cuando el Espíritu Santo ya te haya hablado por la Palabra, por su voz interna, por la predicación o por palabra profética, no te dejes disuadir o persuadir por nadie de hacer lo contrario. Tú debes tener claro y estar convencido del propósito de Dios para tu vida, el cual se va alcanzando en un proceso que al principio no se entiende, pero al final se comprueba. Es como aquella arquilla echado al rio Nilo, que no garantizaba seguridad, pero al final llegó hasta las manos de la hija del Faraón.

Pablo de Tarso le había declarado a los discípulos en Mileto: «Ahora, he aquí, **ligado yo en espíritu**, voy a Jerusalén, sin saber lo que allá me ha de acontecer» (Hch. 20:22).

El Apóstol a los Gentiles se sentía poseído por un fuerte sentimiento de urgencia de tener que subir hasta Jerusalén. La Nueva Versión Internacional traduce el pasaje anterior: «Y ahora tengan en cuenta que voy a Jerusalén **obligado por el Espíritu**, sin saber lo que allí me espera».

Luego les añadió: «Y ahora, he aquí, yo sé que ninguno de todos vosotros, entre quienes he pasado predicando el reino de Dios, verá más mi rostro» (Hch. 20:25).

Muy profundamente en su corazón Pablo tenía un presentimiento de que esta era la última vez que estos discípulos lo verían. Era una despedida hasta nunca.

«Cuando hubo dicho estas cosas, se puso de rodillas, y oró con todos ellos. Entonces hubo gran llanto de todos; y echándose al cuello de Pablo, le besaban, doliéndose en gran manera por la palabra que dijo, de que no verían más su rostro. Y le acompañaron al barco» (Hch. 20:36-38).

Doblando sus rodillas y con brazos levantados o manos juntas, este esclavo de Jesucristo, en vez de pedir que ellos oraran por él, lo hizo a favor de ellos. Podemos visualizar los lamentos, escuchar los gemidos de tristeza, ver lágrimas abriendo senderos en los rostros de ellos, sentir como se abrazaban de su amado apóstol.

Al llegar a Cesarea a la casa de Felipe, Pablo de Tarso permaneció algunos días (Hch. 21:8-10). Allí un profeta de nombre **Ágabo** que significa «**langosta**» le reveló algo de su futuro:

«Y permaneciendo nosotros allí algunos días, descendió de Judea un profeta llamado Ágabo, quien viniendo a vernos, tomó el cinto de Pablo, y atándose los pies y las manos, dijo: Esto dice el Espíritu Santo: Así atarán los judíos en Jerusalén al varón de quien es este cinto, y le entregarán en manos de los gentiles. Al oír esto, le rogamos nosotros y los de aquel lugar, que no subiese a Jerusalén» (Hch. 21:10-12).

En Cesarea Marítima el profeta Ágabo le profetizó a Pablo que sería entregado y arrestado por los romanos. Los hermanos creyentes le suplicaron que no llegara hasta Jerusalén.

Pablo de Tarso respondió: «Qué hacéis llorando y quebrantándome el corazón? **Porque yo estoy dispuesto** no sólo a ser atado, mas aun a morir en Jerusalén por el nombre del Señor Jesús» (Hch. 21:13).

El Teólogo del Cristianismo, les llamó la atención a aquellos amados discípulos. Jerusalén era el destino que él no rechazaría. Ya en su corazón aceptaba ser arrestado y estaba dispuesto a morir como un mártir por el Señor Jesús.

La reacción de los discípulos: «Y como **no le pudimos persuadir, desistimos**, diciendo: **Hágase la voluntad del Señor**. Después de esos días, hechos ya los preparativos, subimos a Jerusalén» (Hch. 21:14-15).

Aunque sean buenas las intenciones de alguien por querer hacerte cambiar de mente y de voluntad, eso no significa que el plan divino ha cambiado, sigue siendo el mismo para tu vida. Hacer la voluntad de Jesucristo muchas veces traerá lágrimas sobre aquellos que nos aman y nos estiman, pero tenemos que obedecerlo a Él.

## 3. La reprensión a Simón Pedro

«¡Quítate de delante de Satanás!, me eres un tropiezo, porque no pones la mira en las cosas de Dios, sino en las de los hombres» (Mt. 16:23).

«¡**Aléjate de mí, Satanás! Representas una trampa peligrosa para mí**. Ves las cosas solamente desde el punto de vista humano, no desde el punto de vista de Dios» (NTV).

«¡**Pedro, estás hablando como Satanás! ¡Vete! Tú no entiendes los planes de Dios,** y me estás pidiendo que los desobedezca» (TLA).

¿Ha tenido usted alguna vez que corregir a un ser significativo, que usted aprecia mucho, porque le ha tratado de persuadir de que no haga algo o tome alguna decisión que usted cree que es justa y correcta delante de Dios? Por un momento piense como Simón Pedro se sentiría ante la reacción inesperada, y hasta hiriente de su Maestro y héroe.

Jesús vio y escuchó más allá de la óptica física y audible de Simón Pedro. El Señor oyó y discernió la voz de su adversario de la eternidad. No era Simón Pedro hablando naturalmente, sino Satanás que se aprovechó de las palabras sanas y preocupantes de Simón Pedro.

A Satanás en lo sobrenatural, y no a Simón Pedro en lo natural le respondió Jesús: «**Hupage opíso Satana**». Traducido literalmente del griego es: «¡Vete de mi vista Satanás!». «¡Satanás ponte detrás de mí!». «¡Salte Adversario de enfrente de mí!». «¡Adversario no me detengas en el propósito divino!». «¡Desaparécete ahora de mí Satanás».

Explicando este pasaje, escribió el teólogo alemán Dietrich Bonhoeffer lo siguiente:

Pero Jesús es el Cristo rechazado en el dolor. El hecho de ser rechazado quita al sufrimiento toda dignidad y todo honor. Debe ser un sufrimiento sin honor. Sufrir y ser rechazado constituyen la expresión que sintetiza la cruz de Jesús. **La muerte de cruz significa sufrir y morir rechazado**, despreciado. Jesús debe sufrir y ser rechazado por necesidad divina. Todo intento de obstaculizar esta necesidad es satánico. Incluso, y sobre todo, si proviene de los discípulos, porque esto quiere decir que no se deja a Cristo ser el Cristo.

El hecho de que sea Pedro, piedra de la Iglesia, quien resulte culpable inmediatamente después de su confesión de Jesucristo y de ser investido por él, prueba que desde el principio la Iglesia se ha escandalizado del Cristo sufriente. No quiere a tal Señor y, como Iglesia de Cristo, no quiere que su Señor le imponga la ley del sufrimiento. La protesta de Pedro muestra su poco deseo de sumergirse en el dolor. Con esto Satanás penetra en la Iglesia. Quiere apartarla de la cruz de su Señor (*El Precio de la Gracia: El Seguimiento*, Ediciones Sígueme, Salamanca 2004, pg. 53-54).

Los más cercanos a nosotros, que nos tienen mucho aprecio y verdaderamente se preocupan por nuestro bienestar, en su amor y cuidado por nosotros, muchas veces tratan de disuadirnos de cumplir con el programa establecido en el cielo para nuestras vidas, y tenemos que confrontarlos y pararlos aunque a ellos y a nosotros nos duela lo que decimos. Se transforman en un Satanás del propósito de Jesucristo para nuestras vidas.

¿Fue Simón Pedro posesionado por Satanás? No fue posesionado. Judas Iscariote si fue posesionado por Satanás:

«Y después del bocado, **Satanás entró en él**. Entonces Jesús le dijo: Lo que vas a hacer, hazlo más pronto» (Jn. 13:27).

Jesús llamó a Simón Pedro «**Satanás**» en el sentido de haberse convertido en un adversario del propósito eterno de ser entregado y muerto por los pecados de la humanidad.

## 4. La afirmación de Jesús

«Cuando se cumplió el tiempo en que él había de ser recibido arriba, afirmó su rostro para ir a Jerusalén» (Lc. 9:51).

«Cuando se acercaba el tiempo de ascender al cielo, **Jesús salió con determinación hacia Jerusalén**» (NTV). «Cuando ya se acercaba el tiempo en que Jesús debía subir al cielo, **decidió ir hacia Jerusalén**» (TLA). «Como se acercaba el tiempo de que fuera llevado al cielo, **Jesús se hizo el firme propósito de ir a Jerusalén**» (NVI).

La decisión del Dios-Hombre de ingresar a la humanidad fue grande, pero grande fue también su decisión de afirmar su rostro para ir a Jerusalén. Esa expresión «**afirmó su rostro**» se traduce en otras versiones: «emprendió con valor» (Dios Habla Hoy); «estaba seguro de que nadie le impediría ir» (El Testamento «Nueva Vida»); «se dispuso firmemente» (Biblia Peshita). El griego lee: «**to prosópon esterisen**», literalmente «**fijó el rostro**».

En la vida tendrás que afirmar tu rostro hacia esa decisión que el Espíritu Santo ha puesto en tu vida. Hay una Jerusalén que tarde o temprano nos tocará subir. Pondremos nuestro rostro en una dirección que no tendrá reverso, ni retorno, ni regreso.

Levanta tu cabeza y camina hacia ese destino que el Espíritu Santo ha programado en tu GPS. A Jerusalén se llega subiendo. No hay otra manera.

¿Hacia qué ciudad te quiere el Señor Jesucristo mirando? Muchas veces alzamos el rostro hacia Orlando, Florida; Santiago, República Dominica, Santa Ana, El Salvador; Arequipa, Perú, Guanajuato, León, México, Cuenca, Ecuador, Buenos Aires, Argentina… Madrid, España.

## 5. La proclamación al Mesías Jesús

«… ¡Hosanna al Hijo de David! ¡Bendito el que viene en el nombre del Señor! ¡Hosanna en las alturas!» (Mt. 21:9).

Jesús preparó su entrada triunfal montando sobre un pollino que él fue el primero en estrenar: «Diciéndoles: Id a la aldea que está enfrente de vosotros, y luego hallaréis una asna atada, y un pollino con ella, desatadla, y traédmelos. Y si alguien os dijere algo, decid: El Señor los necesita; y luego los enviará» (Mt. 2-3).

Con esta acción se cumpliría Zacarías 9:9: «Los discípulos fueron, e hicieron como Jesús les mandó; y trajeron el asna y el pollino, y pusieron sobre ellos sus mantos, y el se sentó encima» (Mt. 21:6).

Jesucristo no separó a la madre del hijo, ni al hijo de la madre, el quiere la familia junta. Sobre los asnos madre e hijo se pusieron los mantos, pero Jesús se sentó sobre el hijo. Él pudo haber entrado sobre un caballo blanco o una hermosa mula como la que montaban los reyes de Israel, pero entró con una burra y montando un burro joven. Se identificó con la transportación del pueblo común.

Jesús también se ha montado sobre muchos de nosotros que éramos unos burros religiosos, unos burros sociales, unos burros de cargas, unos burros tontos, pero nos ha hecho burros bendecidos y usados por su gracia y por su misericordia.

Antes de Jesús entrar a Jerusalén lloró por esta ciudad: «Y cuando llegó cerca de la ciudad, **al verla, lloró sobre ella**» (Lc. 19:41). A Jerusalén se aprecia por la parte este. Es por el oriente o este que entran los primeros rayos del sol naciente. La vista más hermosa de Jerusalén es la panorámica del este, vista desde el monte de los Olivos o el monte Scopus.

Desde aquí en la actualidad puede uno ver el pináculo del templo, la Puerta Dorada o Puerta de la Misericordia o Puerta del Mesías o Puerta del Oriente. A la derecha de la Puerta Oriental se puede ver la Puerta de los Leones o Puerta de San Esteban. También podemos ver el Domo de la Roca o Mezquita de Omar (aunque no es mezquita); Pedro In Gallicantu o Casa de Caifás; la Hagia Sofia en el monte Sión que está al lado del lugar del Aposento Alto y donde está la tumba tradicional del rey David.

La vista es impresionante, imagínese como sería cuando Jesús vio el templo ampliado y hermoseado por Herodes y la Fortaleza Antonia que era residencia de Poncio Pilatos.

La Iglesia Pedro In Gallicantu está fuera de las murallas de la Antigua Jerusalén. En los días de Jesucristo la casa o palacio de Caifás estaba dentro de las murallas. La Iglesia del Santo Sepulcro está dentro de las murallas, para la época de Jesús de Nazaret estaba fuera de la ciudad.

El estanque de Bethesda está dentro de las murallas actuales cerca de la Puerta de los Leones, que en realidad son leopardos, o Puerta de San Esteban, pero en el tiempo de Jesús estaba fuera de la muralla. El estanque de Siloé está fuera de las murallas de Jerusalén, en la época de Jesús estaba dentro de la muralla sureste.

Allí, en el cruce de los dos valles, termina el valle del Gehenna o Himnón encontrándose con el valle de Josafat y está el Aceldama o Campo del Alfaro (he andado todo eso a pie). Por el valle de Josafat o valle de Cedrón en el tiempo de invierno o lluvia corre el torrente de Cedrón que serpenteando termina en el mar Muerto.

David cruzó este torrente o valle cuando huyó de su hijo rebelde Absalón: «Y todo el país lloró en alta voz; pasó luego toda la gente **el torrente de Cedrón**; asimismo pasó el rey, y todo el pueblo pasó al camino que va al desierto» (2 Sam. 15:23).

Pero en vez de Jesús de Nazaret regocijarse de alegría por tan exquisito cuadro ante sus ojos, «un taco de ojos» panorámico como lo llamaría un mexicano, al ver tantas maravillosas construcciones en piedra jerosolimitana. ¡Jesús lloró por esta ciudad! La ciudad era digna de lastima.

«Y cuando llegó cerca de la ciudad, al verla, lloró sobre ella, diciendo: ¡Oh, si también tú conocieses, a lo menos en este tu día, lo que es para tu paz! Mas ahora esta encubierto a tus ojos. Porque vendrán días sobre ti, cuando tus enemigos te rodearán con vallado, y te sitiarán, y por todas partes te estrecharán, y te derribarán a tierra, y a tus hijos dentro de ti, y no dejarán en ti piedra sobre piedra, por cuanto no conociste el tiempo de tu visitación» (Lc. 19:41-44).

Jesús el Mesías profetizó a Jerusalén su destrucción a manos de los romanos, lo cual se cumplió treinta y siete años después, cuando Tito Vespasiano, después de sitiarla y estarla observando desde el monte Scopus o de los Olivos, ordenó a la Legión X que no dejara piedra sobre piedra. Hoy solo queda como recuerdo el Muro Occidental o Muro de los Lamentos, el lugar más importante para el judaísmo.

Ese día en su entrada triunfal, Jesús el Mesías fue bien recibido por aquellos que le esperaban llenos de fe y esperanza. Mientras desfilaba en aquel pollino prestado, la gente «tendía sus mantos en el camino, y otros cortaban ramas de los arboles, y las tendían en el camino» (Mt. 21:8). No se dice que eran hojas de palmeras, sino «ramas de los arboles», posiblemente eran ramas de olivos. ¿Qué ramas de árboles de alabanzas y reconocimientos, podemos echar delante de nuestro Rey y Mesías?

Jesús de Nazaret aparece llorando tres veces en el Nuevo Testamento, de esa manera se deja ver su total humanidad:

**Primero**, el Maestro lloró al ver a Jerusalén. Las lágrimas por la ciudad: «Y cuando llegó cerca de la ciudad, **al verla, lloró sobre ella**» (Lc. 19:41).

**Y le profetizó su futuro**: «Diciendo: ¡Cómo quisiera que hoy tú, entre todos los pueblos, entendieras el camino de la paz! Pero ahora es demasiado tarde, y la paz está oculta a tus ojos. No pasará mucho tiempo antes de que tus enemigos construyan murallas que te rodeen y te encierren por todos lados. Te aplastarán contra el suelo, y a tus hijos contigo. Tus enemigos no dejarán una sola piedra en su lugar, porque no reconociste cuando Dios te visitó» (Lc. 19:42-44, NTV).

Proféticamente vio lo que una generación después, en 37 años, las hordas romanas le harían a esa ciudad y a sus habitantes. **¡Fue el lloro del profeta!**

**Segundo**, el Maestro lloró frente a la tumba de Lázaro. Las lágrimas por un amado: «**Jesús lloró**» (Jn. 11:35). Este es el versículo más corto de la Biblia.

La muerte de su amigo Lázaro, tocó las fibras más profundas de su humanidad. **¡Fue el lloro del amigo!**

**Tercero, el Maestro lloró en Getsemaní.** Las lágrimas por las almas: «Y Cristo, en los días de su carne, **ofreciendo ruegos y súplicas con gran clamor y lágrimas al que le podía librar de la muerte**, fue oído a causa de su temor reverente. Y aunque era Hijo, por lo que padeció aprendió la obediencia, y habiendo sido perfeccionado, vino a ser autor de eterna salvación para todos los que le obedecen; y fue declarado por Dios sumo sacerdote según el orden de Melquisedec» (Heb. 5:7-10). **¡Fue el lloro del Redentor!**

En Guatemala y otros países de Latinoamérica se acostumbra echar al piso de los templos hojas de pino durante las celebraciones religiosas. Aquella multitud vociferaba colectivamente: «… ¡Hosanna al Hijo de David! ¡Bendito el que viene en el nombre del Señor! ¡Hosanna en las alturas!» (Mt. 21:9). «Hosanna» significa «sálvanos ahora» (Sal. 118:25).

Esa entrada triunfal con una multitud «muy numerosa» (Mt. 21:8), produjo un cambio muy grande: «Cuando entró él en Jerusalén, toda la ciudad se conmovió, diciendo: ¿Quién es este?» (Mt. 21:10). La respuesta al unísono fue: «Este es Jesús el profeta, de Nazaret de Galilea» (Mt. 21:11). La presencia de Jesús todavía conmueve ciudades, y aquellas ciudades que le den la entrada libre serán bendecidas.

Otra multitud, la que lo rechazó, la que no hizo profesión de fe, la que fue esclava de la religión, la cargada de postulados tradicionalistas, tendría otro coro de expresiones:

**«Fuera con este, y suéltanos a Barrabás!»** (Lc. 23:18). **«¡Crucifícale, crucifícale!»** (Lc. 23:21).

Esa sería la multitud del desprecio mesiánico, la multitud que mató una esperanza, y la multitud que tiene descendientes incrédulos dondequiera, que se alimentan de ideas raras, de conceptos religiosos equivocados, de una teología errada, de una mentalidad humanista y de una inteligencia racionalista.

**«Fuera con este».** Muchas escuelas públicas al prohibir las oraciones cristianas, le han dicho esto al Salvador del mundo. Lo ha sacado del *curriculum* académico.

**«Fuera con este».** Los políticos con la aprobación del matrimonio entre personas del mismo género sexual (respetamos las decisiones de cada ser humano), han expresado esto al Rey del universo.

**«Fuera con este».** La prohibición o remoción de monumentos con símbolos cristianos en lugares públicos y del gobierno, también expresan su rechazo al gobierno divino.

**«Fuera con este».** Los abortistas en repudio total al dador de la vida, nuestro bendito Salvador, lo han ofendido matando a víctimas inocentes no nacidas.

Los políticos con la aprobación del aborto como ha sucedido en el Estado de New York, hasta el mismo momento del nacimiento, por motivos de la salud de la madre, han tomado extremos para justificar otras decisiones libres de la madre.

**«Fuera con este».** A mi Jesús no lo quieren en muchos lugares. Lo están echando fuera. Se burlan de Él públicamente. Muchos no quieren que su nombre sea mencionado.

**«Fuera con este».** Muchos corazones le dicen esto cada cada vez que se les predica o se le invita a un templo. Le están cerrando la puerta del corazón.

«¡Mira! Yo estoy a la puerta y llamo. Si oyes mi voz y abres la puerta, yo entraré y cenaremos juntos como amigos» (Apoc. 3:20, NTV).

**«Fuera con este».** Aquellos que se descarrían, que se hacen reincidentes, que se vuelven atrás y dejan el sendero de la justicia, dicen esto al Señor Jesucristo.

A mi Jesús lo han despedido, lo han botado, lo han echado fuera, lo han exilado del diario vivir, ya muchos no lo quieren. Solo lo buscan cuando lo necesitan, y luego lo vuelven a expulsar. Solo lo quieren para ocasiones, para necesidades, para pedirle, y después le dicen que se vaya.

**«¿Quién es este?».** La respuesta de la primera multitud fue: **«Este es Jesús».** La otra multitud diría: **«Fuera con este».** Te pregunto a ti: ¿Quién es «este» para ti? ¿Recibes a «este» o rechazas a «este»?

**«Este es Jesús».** Cuando muchos estaban enfermos, desahuciados por la ciencia médica, Jesús de Nazaret fue el que un día los sanó y los cubrió de vida y salud.

**«Este es Jesús».** Cuando el matrimonio de muchos estaba al borde de la separación y del divorcio, el amor de pareja entre él y ella se había extinguido, la infidelidad los había distanciado, Jesús de Nazaret fue el que los acercó nuevamente y los unió de nuevo.

**«Este es Jesús».** Cuando muchos que vivían atados por los vicios, destruyéndose así mismos, haciendo sufrir a sus seres queridos, Jesús les trajo libertad.

**«Este es Jesús».** Cuando muchos vivíamos en tinieblas, a la deriva de nuestras vidas, Jesús de Nazaret ha sido nuestra luz, el pan de nuestras almas, el ancla de nuestra fe, el sol de nuestros días, la estrella de nuestras noches.

En los dos primeros días de la semana, dos domingos, se hizo el más grande paréntesis de toda la creación. Los dos fueron domingos de celebración, el primero porque entró como Mesías triunfante y el segundo porque resucitó como Mesías Vencedor.

De ahí que en latín se le llame a ese día «Dominus Dei» o «Día del Señor», cuya contracción es «domingo». Juan el apocalipta lo llamó en griego «en te kuriake emera» o «en el día del Señor». Nuestro Salvador le dio nombre al primer día de la semana, y lo reclamó como suyo.

Aunque en inglés es «Sunday» o «día del sol», como se le conocía desde la época romana. Pero aun así Jesús es el «Sol de justicia» mencionado en Zacarías 4:2). Jesús es nuestro sol de justicia, sol de esperanza, sol de alegría, sol de celebración.

## Conclusión

Simón Pedro, preocupado porque Jesús de Nazaret, el Maestro de la Galilea, el Rabino de los Pescadores, no subiera a Jerusalén, desconocía en aquel momento de humana disuasión que era necesario que Jesús como Mesías, subiera a la ciudad de David. Para que un nuevo día de esperanza y salvación naciera para la humanidad.

# 11
# El ruego por Pedro

Lucas 22:31-32, RVR1960

*«Dijo también el Señor: Simón, Simón, he aquí Satanás os ha pedido para zarandearos como a trigo, pero yo he rogado por ti, que tu fe no falte; y tú, una vez vuelto, confirma a tus hermanos».*

## Introducción

La hora final del Señor Jesucristo sobre la tierra se aproximaba, vendrían días temerosos. El día del gran examen para Simón Pedro no estaba lejos. El Señor le quiso avisar antes, para que se mantuviera firme y fiel a pesar de la prueba. A todos nos llegará el día de ser zarandearos, el día que la fe nos puede faltar, el día de nuestras pruebas. El Señor Jesucristo nos ayudará para mantenernos firmes y fieles.

Solo la tradición lucanina cita ese hecho de que Satanás zarandearía a Simón Pedro como a trigo. Zarandear significa mover a una persona o mover una cosa de aquí para allá.

## 1. El permiso del Señor

«Dijo también el Señor: Simón, Simón, he aquí Satanás os ha pedido para zarandearos como a trigo, pero yo he rogado por ti, que tu fe no falte; y tú, una vez vuelto, confirma a tus hermanos» (Lc. 22:31).

La Traducción En Lenguaje Actual es muy gráfica: «Después, Jesús le dijo a Pedro: Pedro, escucha bien. **Satanás ha pedido permiso a Dios para ponerles pruebas difíciles a todos ustedes, y Dios se lo ha dado.** Pero yo he pedido a Dios que te ayude, para que te mantengas firme. Por un tiempo vas a dejarme solo, pero después cambiarás. Cuando eso pase, ayudarás a tus compañeros para que siempre se mantengan fieles a mí».

En esta referencia textual, Jesús de Nazaret le afirmó a Simón Pedro que Satanás sacudiría, estremecería y tambalearía su vida, pero tendría que pedirle permiso. Es notable esa redundancia por el Maestro al pronunciar el nombre «**Simón, Simón**». Siempre le llamó más **Simón Pedro**, **Cefas**, pero nunca antes lo llamó «**Simón, Simón**».

«Y le trajo a Jesús. Y mirándole Jesús, dijo: Tú eres Simón, hijo de Jonás; tú serás llamado **Cefas** (que quiere decir, Pedro)» (Jn. 1:42).

Jesús de Nazaret había transformado a aquel hombre originario de Betsaida, pescador del lago de Tiberias, para hacer de él un modelo del cristianismo. El Dr. Martin Luther King, Jr. declaró: «Transformó a un Simón de arena en un Pedro de roca».

Por su parte Pablo de Tarso gustaba de llamar a Simón Pedro por su apodo en arameo que era **Cefas**, que en griego es **Petros** y significa lo mismo, que es roca o piedra:

«Quiero decir, que cada uno de vosotros dice: Yo soy de Pablo; y yo de Apolos; y yo de **Cefas**; y yo de Cristo» (1 Cor. 1:12).

«Así que, ninguno se gloríe en los hombres, porque todo es vuestro: sea Pablo, sea Apolos, sea **Cefas**, sea el mundo, sea la vida, sea la muerte, sea lo presente, sea lo por venir, todo es vuestro, y vosotros de Cristo, y Cristo de Dios» (1 Cor. 3:21-23).

«¿No tenemos derecho de traer con nosotros una hermana por mujer como también los otros apóstoles, y los hermanos del Señor, y **Cefas**?» (1 Cor. 9:5).

«Porque primeramente os he enseñado lo que asimismo recibí: Que Cristo murió por nuestros pecados, conforme a las Escrituras; y que fue sepultado, y que resucitó al tercer día, conforme a las Escrituras, y que apareció a **Cefas**, y después a los doce» (1 Cor. 15:3-5).

«Y reconociendo la gracia que me había sido dada, Jacobo, **Cefas** y Juan, que eran considerados como columnas, nos dieron a mí y a Bernabé la diestra en señal de compañerismo, para que nosotros fuésemos a los gentiles, y ellos a la circuncisión» (Gal. 2:9).

El Maestro de la Galilea llamó la atención de su discípulo con la doble referencia de «**Simón, Simón**» (Lc. 22:31). Al aludir el Salvador de esta manera llamándolo «**Simón, Simón**», era la manera de expresarle su gran afecto, su gran amor y de acaparar toda su atención.

En Juan 21:15, 16, 17, el Cristo Resucitado se refirió a Pedro como «**Simón, hijo de Jonás**». En Mateo 16:17, en el monte de la Transfiguración también lo llamó «**Simón, hijo de Jonás**». En este caso honraba el nombre del padre de Simón Pedro.

En el Antiguo Testamento, Dios aplicó la regla de la doble referencia de nombre, como una manera de llamar la atención:

«Viendo Jehová que él iba a ver, lo llamó Dios de en medio de la zarza, y dijo: ¡**Moisés, Moisés!** Y él respondió: Heme aquí» (Ex. 3:4).

«Y vino Jehová y se paró, y llamó como las otras veces: ¡**Samuel, Samuel!** Entonces Samuel dijo: Habla, porque tu siervo oye» (1 Sam. 3:10).

En el Nuevo Testamento esa doble referencia del nombre, también se le aplicó a Saulo de Tarso:

A Saulo de Tarso, el Salvador se le atravesó en el camino de Damasco y lo llamó «**Saulo, Saulo**»:

«Mas yendo por el camino, aconteció que al llegar cerca de Damasco, repentinamente le rodeó un resplandor de luz del cielo; y cayendo en tierra, oyó una voz que le decía: **Saulo, Saulo**, ¿por qué me persigues?» (Hch. 9:3-4).

A Saulo con su nombre repetido dos veces, el Jesús resucitado; se le estaba revelando y confrontándolo por su impertinencia de estar persiguiéndolo, ya que al hacerlo a la Iglesia lo hacía a Él.

Analicemos la advertencia que le dio a Simón Pedro: «...**he aquí Satanás os ha pedido para zarandearos como a trigo...**». Esto demuestra que el enemigo del ser humano, aquel ángel caído, que en una eternidad tuvo una posición de privilegio delante de Dios, necesita el permiso de Dios para tocar a uno de los hijos o hijas de Dios. Satanás no tiene ningún poder sobre el creyente si no se lo da Dios.

Lo avisado a Simón Pedro y al resto de sus compañeros apostólicos, nos hace ver otro escenario en el Antiguo Testamento, en el diálogo entre Dios y Satanás, donde el segundo pidió permiso al primero, para someter a prueba a Job.

«Llegó el día en que los ángeles debían hacer acto de presencia ante el Señor, y con ellos se presentó también Satanás. Y el Señor le preguntó: –¿De dónde vienes? –Vengo de rondar la tierra, y de recorrerla de un extremo a otro –le respondió Satanás. –¿**Te has puesto a pensar en mi siervo Job?** –Volvió a preguntarle el Señor–. No hay en la tierra nadie como él, es un hombre recto e intachable, que me honra y vive apartado del mal.

Satanás replicó: –¿Y acaso Job te honra sin recibir nada a cambio? ¿Acaso no están bajo tu protección él y su familia y todas sus posesiones? De tal modo has bendecido la obra de sus manos que sus rebaños y ganados llenan toda la tierra.

Pero extiende la mano y quítale todo lo que posee, ¡a ver si no te maldice en tu propia cara! –*Muy bien –le contestó el Señor–. Todas sus posesiones están en tus manos, con la condición de que a él no le pongas la mano encima.* Dicho esto, Satanás se retiró de la presencia del Señor» (Job 1:6-12, NVI).

Las palabras a Simón Pedro, a quién el Maestro lo llama dos veces con su nombre, **«Simón, Simón»**, surgen en un contexto de aviso profético, pronunciado por el Señor Jesucristo, después de haber instituido la cena (Mt. 26:17-29), y de haber cantado un «himno» (Mt. 26:30). Ocasión en la cual les declaró a todos sus discípulos con la excepción de Judas estas palabras:

«Todos vosotros os escandalizareis de mí esta noche, porque escrito esta: **heriré al pastor, y las ovejas serán dispersadas**. Pero después que haya resucitado, iré delante de vosotros a Galilea» (Mt. 26:31-32).

«Entonces Jesús les dijo: Todos os escandalizaréis de mí esta noche, porque escrito está: **Heriré al pastor, y las ovejas serán dispersadas**» (Mc. 14:27).

Proféticamente el Señor Jesucristo les reveló a sus discípulos que esa noche ellos se escandalizarían de Él, porque Él sería herido y ellos huirían. Él los estaba preparando para la tormenta que veía venir de camino.

A lo que el apóstol Pedro como siempre, ligero e impulsivo, como muchos de nosotros que somos un reflejo de su conducta, le contestó: «Aunque todos se escandalicen de ti, yo nunca me escandalizaré» (Mt. 26:33).

Simón Pedro se separó del grupo, opinó que ellos sí se escandalizarían, se dispersarían, se volverían atrás, pero él no. Prometió a la ligera algo que no cumpliría. Muchos como Pedro ven que otros fallarán, que otros serán infieles, pero se ven a sí mismos como los que nunca fallarán al Señor Jesucristo. ¡Una falsa seguridad humana!

Tenemos que tener cuidado cuando apuntamos con el dedo índice, porque los otros dedos apuntarán hacia nosotros. Cualquiera de nosotros le puede fallar al Señor Jesucristo. ¡No somos la excepción! ¡Somos candidatos potenciales para traicionar o abandonar al Señor Jesucristo!

El creyente en Jesús está asegurado, su vida está protegida, alrededor del creyente hay una verja de seguridad, solo cuando Dios lo permite el enemigo puede afligir y hacer daño a un creyente.

Dijo Matthew Henry: «Pedro que solía ser como la boca por la que hablaban los demás apóstoles, es aquí como el oído por el que los demás deben oír».

## 2. La oración del Señor

«Pero yo he rogado por ti que tu fe no falte» (Lc. 22:32).

A Jesús le interesaba que Simón Pedro no perdiera su fe. Las pruebas y las tentaciones prueban nuestra fe, son el examen que aprobamos si mantenemos la fe. ¡Pidamos a Jesucristo que ese día de la prueba, de la enfermedad, del sufrimiento, de la decepción, no nos falte la fe!

**«Que tu fe no falte».** Esta fue la oración de Jesús por Simón Pedro. ¡Qué interesante, Jesús había rogado a favor del apóstol! El mismo Jesús continúa intercediendo también por su Iglesia. Ningún santo que intercedía aquí en la tierra, al ser promovido al cielo ya no puede interceder por nadie. El tiempo de orar los unos por los otros es ahora.

Pero nosotros tenemos la responsabilidad de orar para no caer ante la tentación, para no perder nuestra fe, para perseverar bajo cualquier circunstancia, para luchar en fe y no caer del estado de gracia.

**«Que tu fe no falte».** Cuando los reveses de la vida golpean a las puertas de tu existencia, cuando aquel en el que has confiado todo te dé la espalda, y guarde silencio cuando más le necesites, cuando tu sinceridad hacia otros reciba solamente la mirada y el abrazo de la hipocresía.

**«Que tu fe no falte».** Cuando los guerreros de las dudas lancen flechas a tus murallas, cuando los soldados del desánimo marchen hacia ti con las piedras de la furia destructora, cuando las huestes de la frustración arrojen sus flechas encendidas contra tus puertas de madera.

**«Que tu fe no falte».** Cuando pierdas de tu lado lo que más amas, cuando te des cuenta que has perdido las mejores oportunidades, cuando el dardo de la enfermedad hiera tu cuerpo y te llenes de mucha ansiedad.

**«Que tu fe no falte».** Cuando la tentación te cerque y te veas sin salida; cuando el pecado parezca empujarte al precipicio de la destrucción; cuando sientas que tu debilidad es una gigantesca piedra que se interpone en el paso de voluntad que tiene que dar.

**«Que tu fe no falte».** Cuando veas que cosas malas le ocurren a gente buena, cuando sientas que lo que Dios hace no tiene sentido, cuando veas que oraciones que haces con verdadera necesidad no te son contestadas. Cuando sientas que en el silencio de Dios no veas tu propia defensa.

## 3. El mandato del Señor

«... y tú una vez vuelto, confirma a tus hermanos» (Lc. 22:32):

Simón Pedro se levantaría de su estado caído. Volvería a ser lo que era. No es caer, es levantarse. No es ser derrotado, es volver a conquistar. No es perder una oportunidad, es volver a aprovechar otra oportunidad. La grandeza de un ser humano está en que aunque caiga, aunque falle, aunque ya no pueda más, se pueda levantar y continuar hacia adelante. ¡De los escombros puede volver a reedificar!

¡Enderecemos los reveses de la vida! Los ganadores nunca se retiran, los perdedores siempre se retiran. Y alguien dijo: «Dios escribe en renglones torcidos». Lo que para nosotros no tiene sentido, tiene sentido para Dios.

Me gusta esta declaración de la película «El Gladiador», donde al personaje llamado Máximo Décimo Meridio, le dicen:

«Máximo, te aclaman a ti. El General que pasó a ser un esclavo, el esclavo que se convirtió en gladiador, el gladiador que desafió a un Imperio. Una historia asombrosa. Ahora el pueblo quiere saber cómo termina la historia. Sólo se conformará con una muerte memorable, y ¡que puede ser más glorioso que desafiar al mismísimo Emperador en el gran Coliseo!».

Simón Pedro se volvería a sus «hermanos» en la fe, a aquel grupo de discípulos criados espiritualmente por el Señor Jesucristo. A ellos los confirmaría en la fe, les llevaría un mensaje alentador, motivador y de mucha esperanza.

Confirmar a otros en la fe es nuestro deber. Predicamos y enseñamos para confirmar a otros en la Palabra, llevándoles fe y esperanza. Nuestra misión es ayudar, es levantar, es animar, es llevar esperanza a otros.

De nuestras derrotas, fracasos y debilidades nos levantaremos aún empolvados, con cicatrices que nos marcan, pero con fuerzas para levantar a otros. Lo que nos trae el dolor, nos capacita para dar la mano a nuestros hermanos heridos. Un león con protuberancias de cicatrices en su rostro, nos deja ver que es un león que ha luchado una y muchas veces en los enfrentamientos que ha tenido. ¡Es un veterano de combates!

## Conclusión

Seamos boca para que otros sean alentados, seamos oídos para que otros sean escuchados. Jesús oró para que nuestra «fe no falte». Hagamos nuestra parte y esa oración será contestada. Con nuestro fracaso ayudaremos a otros a triunfar.

# 12
# La preocupación de Pedro

Mt. 26:20-23, RVR1960

*«Cuando llegó la noche, se sentó a la mesa con los doce. Y mientras comían, dijo: De cierto os digo, que uno de vosotros me va a entregar. Y entristecidos en gran manera, comenzó cada uno de ellos a decirle: ¿Soy yo, Señor? Entonces él respondiendo, dijo: El que mete la mano conmigo en el plato, ése me va a entregar».*

## Introducción

Es muy interesante como Simón Pedro le hizo señas a Juan el amado, para saber quien traicionaría al Maestro: **"Señor, ¿quién te va a traicionar?"** Y luego Juan ofreció una descripción de la traición de Judas Iscariote.

## 1. La señal de Jesús

«Entonces él respondiendo, dijo: El que mete la mano conmigo en el plato, ése me va a entregar» (Mt. 26:23).

«Mientras cenaban, el discípulo favorito de Jesús estaba sentado junto a él. Simón Pedro le hizo señas para que le preguntara a Jesús de quién estaba hablando. Ese discípulo se acercó más a Jesús, y le preguntó: Señor, ¿quién te va a traicionar? Jesús le respondió: Es el que va a recibir el pedazo de pan que voy a mojar en la salsa. Jesús mojó el pan y se lo entregó a Judas hijo de Simón, el Iscariote. En ese mismo instante, Satanás se metió en el corazón de Judas. Jesús le dijo: Judas, apúrate a hacer lo que has planeado» (Jn 13:23-27, TLA).

La entrega por el Maestro a Judas Iscariote del pan mojado, que pudo haber sido mojado en aceite de oliva o mojado en vino o mojado en salsa, a la vez es un testimonio retroactivo de David y proactivo de un cumplimiento profético mesiánico:

«Aun el hombre de mi paz, en quien yo confiaba, **el que de mi pan comía**, alzó contra mí el calcañar» (Sal. 41:9).

«Porque **no me afrentó un enemigo**, lo cual habría soportado; ni se alzó contra mí el que me aborrecía, porque me hubiera ocultado de él, sino tú, hombre, **al parecer íntimo mío**, mi guía, y mi familiar, que juntos comunicábamos dulcemente los secretos, y andábamos en amistad en la casa de Dios» (Sal. 55:12-14).

Para David ese amigo fue Ahitofel: «Y mientras Absalón ofrecía los sacrificios, llamó a Ahitofel gilonita, consejero de David, de su ciudad de Gilo. Y la conspiración se hizo poderosa, y aumentaba el pueblo que seguía a Absalón» (2 Sam, 15:12).

Irónicamente, Judas Iscariote se ahorcó al igual que Ahitofel: «Pero Ahitofel, viendo que no se había seguido su consejo, enalbardó su asno y se levantó y se fue a su casa, a su ciudad, y después de poner su casa en orden, se ahorcó, y así murió, y fue sepultado en el sepulcro de su padre» (2 Sam. 17:23).

En la época de los discípulos se sentaban en grupo, recostados con el brazo izquierdo sobre una almohadilla. La mesa no era rectangular, sino en forma cuadrada o semi-circular, algo como una «**U**», baja de tamaño, y al revés para poder ser servidos. Los participantes tenían el cuerpo apoyándose a la izquierda de la otra persona y se comía con la mano derecha. La mano izquierda era la mano impura. Juan estaba sentado a la derecha de Jesús, como un lugar de privilegio, y tenía su cabeza recostada sobre él.

A la izquierda del anfitrión se sentaba alguien de honor; es posible que Simón Pedro se sentara a la izquierda del Maestro, y por detrás de Jesús hiciera señas a Juan. Judas Iscariote tenía que haber estado muy cerca de Juan o de Simón Pedro, para así el Maestro poder extenderle el pan mojado en la salsa.

Algunos han opinado que en el puesto de honor a la izquierda de Jesús de Nazaret, pudo estar sentado Judas Iscariote, quien recibió un trato de amigo aunque fue quien lo traicionó. Quizá le entregó el pan mojado a Judas Iscariote.

Charles Haddon Spurgeon en una predicación dijo sobre Judas Iscariote:

**Pero Judas era más que esto: era un amigo, un amigo que gozaba de toda la confianza.** Esa pequeña bolsa en la que mujeres generosas echaban sus pequeñas contribuciones, había sido encomendada a sus manos, y muy sabiamente, pues Judas tenía una vena financiera. Su principal virtud era la economía, una cualidad muy necesaria en un tesorero. Él era, hasta donde los hombres podían juzgar, el hombre apropiado en el lugar correcto para ejercer una prudente previsión para el pequeño grupo, y para vigilar cuidadosamente los gastos (Sermón titulado: «La Traición». Predicado en el Tabernáculo Metropolitano, Newington, Londres, 15 de Febrero, de 1863).

El rey Salomón le dio un lugar de privilegio a su madre Betsabé, sentándola a la derecha de su trono:

«Vino Betsabé al rey Salomón para hablarle por Adonías. Y el rey se levantó a recibirla, y se inclinó ante ella, y volvió a sentarse en su trono, e **hizo traer una silla para su madre, la cual se sentó a su diestra**» (1 R. 2:19).

Todos los discípulos habían mojado el pan, y con fuertes sentimientos de tristeza y duda sobre sí mismos: «Entonces ellos comenzaron a entristecerse, y a decirle uno por uno: **¿Seré yo?** Y el otro: **¿Seré yo?** Él, respondiendo, les dijo: **Es uno de los doce, el que moja conmigo en el plato**» (Mc. 14:19-20).

La realidad es que ninguno de los discípulos pudo identificar al traidor Judas mojando el pan:

«Respondió Jesús: A quien yo diere el pan mojado, aquél es. Y mojando el pan, lo dio a Judas Iscariote hijo de Simón. Y después del bocado, Satanás entró en él. Entonces Jesús le dijo: Lo que vas a hacer, hazlo más pronto. **Pero ninguno de los que estaban a la mesa entendió por qué le dijo esto**» (Jn. 13:26-28).

Tuve la oportunidad de predicar en Milán, los italianos le llaman Milano. En el centro de la ciudad se encuentra un antiguo convento en la Plaza Santa Maria delle Grazie, donde se puede visitar la famosa pintura de la La Última Cena pintada por Leonardo Da Vinci durante los años 1495 al 1498.

Se nota en la obra un estilo europeo con platos de la época y vasos de la época. Los panes y vasos están distribuidos al estilo de la época y no con un pan como en el tiempo de Jesús. La copa o cáliz con el vino no se ve, en su lugar hay un pequeño vaso.

Da Vinci presentó a Jesús sentado en una silla en el centro con su mirada hacia al frente, su mano derecha hacia abajo señalando el vino y su mano izquierda virada hacia arriba señalando el pan.

**En el primer grupo de la izquierda a derecha se representa:** Natanael Bartolomé con las manos sobre la mesa. Jacobo el Menor con su brazo izquierdo tocando a Pedro en el otro grupo. Andrés con las manos levantadas. Estos parecen estar muy sorprendidos con lo sucedido.

**En el segundo grupo de izquierda a derecha se representa:** Pedro inclinado con un cuchillo en la mano derecha y tocando a Juan con su mano izquierda. Están hablando y Juan tiene juntas las manos, quien inclinado escucha con su cabeza pegada a la de Pedro. Notemos que Juan está sin barba para representar la juventud.

En el centro de ambos está Judas Iscariote separado algo de ellos, que mira hacia arriba eludiéndolos a ellos, y con la bolsa del dinero agarrada con su mano derecha y su codo sobre la mesa. La mano izquierda la tiene semi-abierta como representación de la codicia.

**En el tercer grupo de izquierda a derecha se representa:** Tomás el Dídimo señalando con el índice levantado de su mano derecha. Jacobo el Mayor con los brazos abiertos y de todos tiene el mayor parecido con el Jesús de Da Vinci. Felipe se ve sin barba con las manos llevadas al pecho.

**En el cuarto grupo de izquierda a derecha se representa:** Mateo el Publicano de espalda y con las brazos extendidos hacia el Maestro. Judas Tadeo con una mano levantada y otra sobre la mesa. Simón Zelote con los brazos extendidos hacia ellos dos. Se les ve en una especie de discusión entre ellos mismos.

El teólogo Paul Tillich describe la participación de Judas Iscariote en la traición del Maestro Jesús de Nazaret:

Se han formulado numerosas y harto embarazosas cuestiones acerca de la relación existente entre Jesús y Judas, ya desde la época en que se escribió el Nuevo Testamento. El mismo Jesús señala uno de los problemas que suscitan los relatos de la traición de Judas, puesto que, por un lado, afirma la necesidad providencial, el cumplimiento de las profecías, de la acción de Judas y por el otro, subraya la inmensidad de su culpa personal.

De este modo, *se afirma por un igual tanto el elemento trágico como el elemento moral de la culpa de Judas.* Pero, además de este elemento trágico, que es el más universal, en la culpa de Judas existe un elemento particular. Su traición presupone que Judas pertenecía al grupo íntimo de los discípulos. Y no hubiera sido así sin la voluntad expresa de Jesús (*Teología Sistemática* II. *La Existencia y Cristo*, Editorial Sígueme, Salamanca 1982).

Pero regresando al regaño o reprensión de Simón Pedro, vemos cómo Jesús de Nazaret trató con Judas Iscariote, el discípulo que lo traicionó, que le robó, que lo criticaba, que hablaba a su espalda, que lo vendió, a este inmerecido lo trató como a **un amigo,** y aún le dio permiso para actuar dentro del propósito divino como **el amigo** para la redención humana: «**Judas, apúrate a hacer lo que has planeado**» (Jn. 13:27, TLA).

El teólogo Lewis Sperry Chafer habla de la decisión voluntaria tomada por Judas Iscariote:

En otras palabras, el plan incluía dar al hombre cierta libertad de elección, y de ello sería responsable. El hecho de que Dios supiera bajo cada plan qué haría cada hombre no significa que Dios forzase al hombre a hacer algo contra su voluntad para luego castigarlo por ello.

En el notable ejemplo de la crucifixión de Cristo, en torno a la cual giraba todo el plan de Dios, Pilato libremente escogió crucificar a Cristo y fue hecho responsable de ello. **Judas Iscariote decidió libremente traicionar a Cristo** y fue tenido por responsable de ello. Sin embargo, las decisiones de Pilato y de Judas eran parte esencial del programa de Dios y eran cosa cierta antes que ellos las ejecutaran (*Grandes Temas Bíblicos*, Editorial CLIE, 2013).

Volviendo a la narrativa de Judas Iscariote, el enemigo llamado amigo, el peor de todos los pecadores, el nombre proscrito del cristianismo:

«Mientras todavía estaba Él hablando, he aquí, Judas, uno de los doce, llegó acompañado de una gran multitud con espadas y garrotes, de parte de los principales sacerdotes y de los ancianos del pueblo. Y el que le entregaba les había dado una señal, diciendo: Al que yo bese, ése es, prendedle. Y enseguida se acercó a Jesús y dijo: ¡**Salve, Rabí!** Y le besó. Y Jesús le dijo: **Amigo, haz lo que viniste a hacer**. Entonces ellos se acercaron, echaron mano a Jesús y le prendieron» (Mt. 26:47-50, LBLA).

En los galileos hubo una reacción defensiva y protectora hacia su líder, pero Jesús les ordenó dejar de pelear, y mandó envainar la espada, y de que Simón Pedro entendiera que la copa del sufrimiento, Él la tendría que beber. ¡Ese era su destino! ¡Esa era su hora! ¡Esa era su misión final! Por esa copa del sufrimiento Jesús estuvo orando en **Getsemaní**. Este nombre significa «**prensa de aceite**». Allí, la «**Aceituna de Dios**» sería triturada para dar del **aceite de su unción**.

«Después, Jesús fue con sus discípulos a un lugar llamado Getsemaní, y les dijo: **Quédense aquí, mientras yo voy allí a orar.** Jesús invitó a Pedro, a Jacobo y a Juan para que lo acompañaran. Luego empezó a sentir una tristeza muy profunda, y les dijo: **Estoy muy triste. Siento que me voy a morir. Quédense aquí conmigo y no se duerman.** Jesús se alejó un poco de ellos, se arrodilló hasta tocar el suelo con la frente, y oró a Dios: **Padre, ¡cómo deseo que me libres de este sufrimiento! Pero no será lo que yo quiera, sino lo que quieras tú**» (Mt. 26:36-39, TLA).

«Jesús regresó a donde estaban los tres discípulos, y los encontró durmiendo. Entonces le dijo a Simón Pedro: ¿No han podido quedarse despiertos conmigo, ni siquiera una hora? No se duerman; oren para que puedan resistir la prueba que se acerca. Ustedes están dispuestos a hacer lo bueno, pero no pueden hacerlo con sus propias fuerzas. Jesús se fue a orar otra vez, y en su oración decía: Padre, si tengo que pasar por este sufrimiento, estoy dispuesto a obedecerte. Jesús regresó de nuevo a donde estaban los tres discípulos, y otra vez los encontró completamente dormidos, pues estaban muy cansados. Nuevamente se apartó de ellos y oró por tercera vez, repitiendo las mismas palabras con que había orado antes» (Mt. 26:40-44, TLA).

«Luego volvió Jesús a donde estaban los tres discípulos y les dijo: **¿Todavía están durmiendo?** Ya vienen los malvados para apresarme a mí, el Hijo del hombre. ¡Levántense y vengan conmigo, que allí viene el que me va a entregar!» (Mt. 26:45-46, TLA).

Una vez más en Jesús de Nazaret como el Hijo de Dios, se reveló el atributo de la omnisciencia divina, sabía que Judas Iscariote se estaba acercando para entregarlo.

Jesús hizo cumplir la profecía con el traidor. Un compañero en el ministerio que había hecho mucho daño a otros compañeros en el ministerio, se encontró en peligro de perder una prestigiosa posición y, un compañero que tenía en su poder la facultad de ayudarlo, decidió no hacerlo. ¿Por qué? Él tenía que ayudar a cumplirse lo que Dios ya había profetizado contra aquella persona. ¡Sencillamente, ese era su destino!

«¿Acaso piensas que no puedo ahora orar a mi Padre, y que él no me daría más de doce legiones de ángeles? ¿Pero cómo entonces se cumplirían las Escrituras, de que es necesario que así se haga? En aquella hora dijo Jesús a la gente: ¿Como contra un ladrón habéis salido con espadas y con palos para prenderme? Cada día me sentaba con vosotros enseñando en el templo, y no me prendisteis. Mas todo esto sucede, para que se cumplan las Escrituras de los profetas. Entonces todos los discípulos, dejándole, huyeron» (Mt. 26:53-56).

Jesús podía evitar aquel arresto, orando al Padre Celestial; podía activar **doce legiones de ángeles**, es decir unos **72,000 ángeles**; y el Padre le podía contestar. Pero Jesús no quería detener el cumplimiento de «las Escrituras» para su vida y para el mundo entero, el ya nacido y el que aún no había nacido siglos después, y aquí nos incluimos nosotros.

Él tenía que avanzar hacia ese destino y no retroceder, esa era su predestinación. Dios de antemano ve el final que hemos vivido, aunque nosotros vivimos el presente.

Lo triste de esta historia es que aquellos discípulos, presos de la confusión, huyeron:

**«Entonces todos los discípulos, dejándole, huyeron»** (Mt. 26:56). Lo abandonaron, lo dejaron solo, se separaron de él. Líder prepárate, tú también serás dejado solo por muchos de tus seguidores que están cerca de ti.

## 2. El milagro de Jesús

«Entonces respondiendo Jesús, dijo: **Basta ya dejad** y tocando su oreja lo sanó» (Lc. 22:51).

El único de los evangelios que registra el milagro de la oreja pegada a Malco es Lucas; su trasfondo de doctor o médico le hace mencionar este milagro, por cierto el último antes de la crucifixión del Señor Jesucristo.

**«Basta ya, dejad»**. Estas palabras dichas por Jesucristo, parecen ser dirigidas a todos sus discípulos. De nuevo escuchamos al Maestro regañando a sus discípulos. Fue una orden de dejar la pelea, de no luchar contra el destino del cielo, de aceptar el plan o el programa de la redención. Jesús sabía que se tenía que cumplir ese: «Consumado es» (*Tetelestai*) (Jn. 19:30).

**«Basta ya, dejad»**. Son palabras para aquellos miembros de congregaciones empeñados en pelear y en destruir las mismas. «Ya no sigan, estén tranquilos».

**«Basta ya, dejad»**. Son palabras para esos creyentes que pelean contra el propósito de Dios, y que no saben parar y dejar todo en las manos de Dios. «Ya no sigan, tranquilos».

**«Basta ya, dejad»**. Son palabras para frenar aquellas acciones y reacciones que en vez de ayudar a la obra de Dios, lo que hacen es desayudar a la misma. «Ya no sigan, tranquilos».

**«Y tocando su oreja la sanó»**. Simón Pedro le cortó la oreja a Malco, Jesús se la saturó milagrosamente. Espiritualmente muchos continúan cortando orejas, Jesús las sigue pegando, poniéndolas en el lugar que van. Todavía el Señor arregla esas cosas que hacemos al revés y las pone al derecho.

¿Cuántos necesitan que el Señor Jesucristo les pegue algo que nosotros le cortamos? ¿A quién le hemos hecho daño y el Señor le ha tenido que hacer un milagro? ¿Cómo Jesucristo nos ayuda a favor de otros?

Aquello que humanamente y espiritualmente desarreglamos en otros, nuestro Señor Jesucristo, lo arregla y hace a muchas personas aptas para funcionar normalmente. Él cura el dolor que le infligimos al oído de aquellos que tiene que Escuchar.

## Conclusión

Ese Pedro impulsivo y reaccionario que muchas veces se quiere manifestar dentro de nosotros, necesita ser puesto bajo el control del Espíritu Santo. Ese Pedro dentro de nosotros muchas veces daña algo o a alguien que el Señor Jesucristo necesita reparar. Ese Pedro revelado en nosotros le hace al Señor Jesucristo pegar aquello que hemos cortado.

# 13
# La negación de Pedro

Mateo 26:74-75, RVR1960

*«Entonces él comenzó a maldecir y a jurar: No conozco al hombre. Y enseguida cantó el gallo. Entonces Pedro se acordó de las palabras de Jesús, que le había dicho: Antes que cante el gallo, me negarás tres veces. Y saliendo fuera, lloró amargamente».*

## Introducción

La citación de Mateo 26:69-75 se registra en el testimonio de los otros evangelios (Mc. 14:66-72; Lc. 22:55-62 y Jn. 18:15-18; 25-27).

De igual manera la profecía dada por el Señor Jesucristo al mismo Simón Pedro de que este lo negaría, se hace eco en los cuatro evangelios (Mt. 26:30-35; Mc. 14:26-31; Lc. 22:31-34 y Jn. 13:36-38). El relato de Juan es variante en su introducción, pero complementario en los sinópticos.

La traición de Judas, el abandono de los discípulos y la negación de Pedro, fue algo que el Señor Jesucristo les profetizó a sus discípulos. Ninguno fue tomado por sorpresa ante sus actuaciones posteriores. Todos fueron previamente avisados, pero aun así lo profetizado se cumplió.

El Simón Pedro temerario, agresivo, que estuvo dispuesto a morir heroicamente por su Maestro, aparece en esta historia pusilánime, defensivo, temeroso, negando su relación con su Señor y desligándose de su fe mesiánica. ¡Tres veces negó públicamente a Jesús de Nazaret! ¿Nos recuerda Simón Pedro a algún momento de nuestra vida? ¿Alguna situación en la cual nos encontramos, y pensamos antes más en nosotros que en el Señor Jesucristo, negándolo a Él?

## 1 El anuncio de Jesús

«Jesús le dijo: De cierto te digo que esta noche, antes que el gallo cante, me negarás tres veces. Pedro le dijo: Aunque me sea necesario morir contigo, no te negaré. Y todos los discípulos dijeron lo mismo» (Mt. 26:34-35).

En el relato marconiano, Jesús le declaró a Simón Pedro: «... antes de que el gallo haya cantado dos veces me negarás tres veces» (Mc. 14:30). El erudito bíblico William Barclay interpretó el canto del gallo como referencia al cambio de guardia romana que se hacía dos veces en la madrugada, es decir, a las 12:00 am y a las 3:00 am. Según Barclay, Jesús pudo haberse referido a esta práctica romana.

El canto del gallo se conoce como el **«gallicinium romano»**, una manera de marcar la hora, con trompetas a medida que se cerraba la tercera vigilia de la noche, por la guardia romana estacionada en la Fortaleza Antonia de la ciudad de Jerusalén.

En Marcos 13:35 se hace referencia a este canto del gallo como la tercera vigilia de la noche: «Velad, pues, porque no sabéis cuándo vendrá el señor de la casa; si al anochecer, o a la medianoche, o **al canto del gallo**, o a la mañana».

«¡Ustedes también deben estar alerta! Pues no saben cuándo regresará el amo de la casa: si en la tarde, a medianoche, **durante la madrugada** o al amanecer» (NTV).

Para los que literalizamos el mencionado pasaje, vemos una alusión a un gallo natural cantando. Cuando aquel gallo entonó su segundo canto, ya Pedro había negado tres veces a su Maestro y a su Señor. Y por cierto los gallos cantan muchas veces fuera de tiempo.

Aquel fue el gallo de Simón Pedro, que le cantó dos veces. A muchos de nosotros hay otros gallos que nos cantan, como el gallo del obispo, el gallo del presbítero, el gallo del pastor, el gallo del profeta, el gallo de la esposa o del esposo, el gallo de un buen amigo. El gallo que canta: «Te lo dije, te lo dije, te lo dije».

A las afueras de la antigua Jerusalén –los muros fueron levantados por Solimán o Sulimán El Magnífico (su nombre en hebreo es Salomón)–, cerca del monte de Sión, no muy lejos de la Puerta de Sión, hay una iglesia Católica de los Padres Asuncionistas llamada San Pedro In Gallicantu (es decir «San Pedro donde el canto del Gallo»). Allí se conmemora el aprisionamiento de Jesús en la casa de Caifás, el patio donde Pedro negó tres veces al Señor Jesucristo, y el lugar donde el gallo cantó dos veces.

En ese lugar hay un calabozo que según la tradición, allí estuvo Jesús de Nazaret como prisionero. Hay parte de unos escalones romanos o bizantinos que conectaban a este lugar con la ciudad y el Estanque de Siloé.

Otra tradición señala que la casa de Caifás estaba más arriba en la colina. En el Barrio Armenio se tiene otra casa de Caifás cerca de la Abadía de la Dormición en el Convento Armenio. Según la tradición Jacobo el Mayor fue aquí decapitado y la cabeza está aquí sepultada. Se entra por la puerta de Sión y se gira hacia la izquierda en dirección a la Puerta de Jaffa.

En San Pedro In Gallicantu se tiene una estatua representando esta escena y al gallo. Es común ver en muchos templos históricos una veleta de un gallo para señalar la dirección del viento, que nos recuerda a todos el gallo que cantó para Simón Pedro, y que algún gallo (la esposa, el padre, la madre, el pastor...) puede cantar para nosotros.

Cuando Jesús en la Cena Pascual anunció: «De cierto os digo, que uno de vosotros me va a entregar» (Mt. 26:21). Todos los discípulos tristes le decían: «¿Soy yo, Señor?» (Mt. 26:22). Cada uno de ellos, y todos ellos se sentían potencialmente culpables de poder entregar al Señor. Hablaban colectivamente. Todo creyente es potencialmente capaz de negar al Señor Jesucristo, y eso te incluye a ti y a mí.

«Entonces Judas Iscariote, uno de los doce, fue a los principales sacerdotes para entregárselo. Ellos, al oírlo, se alegraron, y prometieron darle dinero. Y Judas buscaba la oportunidad para entregarle» (Mc. 14:10-11).

«Y entró Satanás en Judas, por sobrenombre Iscariote, el cual era uno del número de los doce, y este fue y habló con los principales sacerdotes, y con los jefes de la guardia, de cómo se lo entregaría. Ellos se alegraron, y convinieron en darle dinero. Y él se comprometió, y buscaba una oportunidad para entregárselo a espaldas del pueblo» (Lc. 22:3-6).

Ahora cuando «Jesús el profeta, de Nazaret de Galilea» (Mt. 21:11), le anunció a Simón Pedro su triple negación, los discípulos compartían la misma preocupación, culpabilidad y vulnerabilidad. Simón Pedro negó que lo haría y los discípulos por igual: «Pedro le dijo: Aunque me sea necesario morir contigo, no te negaré. Y todos los discípulos dijeron lo mismo» (Mt. 26:35).

Lo que hizo Judas al traicionar al Maestro, ellos también lo pudieron hacer, y lo que hizo Simón Pedro de negarlo, ellos también lo podían hacer. ¿Y usted y yo? También podemos preguntar y decir lo mismo a Jesús. Todos podemos ser candidatos a reflejarnos en Judas o en Simón Pedro. Es más, dentro de cada uno de nosotros hay un posible Judas y hay un posible Pedro, potencialmente somos capaces de traicionar al Maestro y de negarlo.

En la Dódeka, Jesús tuvo un discípulo que fue traidor, tuvo a un discípulo que lo negó, y tuvo a varios discípulos que huyeron. Tuvo discípulos que hablaban y tuvo discípulos callados. Hipotéticamente por cada doce miembros, uno es Simón Pedro, que puede negar cuando más se le necesite, y otro es Judas que estará dispuesto a traicionar a uno por algún beneficio propio. ¡Todos los líderes hemos tenido a un Simón Pedro y hemos tenido a un Judas! Y si no los has tenido, los tendrás. Los peores son los Judas.

## 2. La negación de Simón Pedro

«Entonces Pedro se acordó de las palabras de Jesús, que le había dicho: Antes que cante el gallo, me negarás tres veces. Y saliendo fuera, lloró amargamente» (Mt. 26:75).

Primero, Simón Pedro ante una criada en el patio de la casa de Caifás negó a Jesús.

Ella le dijo: «Tú también estabas con Jesús el galileo» (Mt. 26:69). A Jesús se le apellidó como: **«Jesús el carpintero»**; **«Jesús el hijo del carpintero»**; **«Jesús de Nazaret»** y **«Jesús el Galileo»**. Aquella criada en la oscuridad de la noche, pudo identificar a Pedro, quien momentos antes había enfrentado con su vida la guardia enviada por Caifás y Anás con los sacerdotes (Mt. 26:47).

A aquella criada que lo identificó, Simón Pedro le contestó: «No sé lo que dices» (Mt. 26:70). Todavía muchos niegan a Jesús haciéndose los tontos, los que no saben, los que no entienden lo que otros dicen acerca de su relación con Jesucristo.

Segundo, Simón Pedro ante otra criada, a la puerta del patio de Caifás, volvió a negar a Jesús.

La otra criada al verlo en la puerta, dijo a otros: «También este estaba con Jesús el nazareno» (Mt. 26:71). Ella sabía «quién era Jesús el nazareno» y conocía que Pedro estaba con él. Pedro jurando dijo: «No conozco al hombre» (Mt. 26:71). Ahora negó toda relación con «Jesús el Nazareno». Se desasoció de Él. Simón Pedro se apartó emocionalmente y verbalmente.

Esas palabras: **«No conozco al hombre»**. En otras palabras: **«Yo no sé quién es ese hombre»**. Es una expresión de repudio, de rechazo, desasociación, de distanciamiento. Esa misma expresión hace eco en la vida de muchos seguidores de Jesús, que por miedo o intimidación niegan a Aquel que los ha bendecido y les ha dado vida.

Es nuestro deber dar a conocer a Jesús y en cada oportunidad que se nos identifique con Él, debemos decir que lo conocemos, que hemos andado con Él y que no lo dejaremos. Pero lamentablemente muchos con sus palabras, acciones y comportamiento, expresan: **«¡Yo no conozco a ese hombre»** (LBLA).

Tercero, Simón Pedro, ante un grupo de judíos, maldijo y negó conocer a Jesús.

Ellos le dijeron a Pedro: «Verdaderamente también tú eres de ellos, porque aun tu manera de hablar te descubre» (Mt. 26:73). Simón Pedro al igual que la mayoría de los otros discípulos tenía el acento galileo. Aquellas indicaciones de las circunstancias, descubrieron a Pedro como un galileo, un discípulo de Jesús.

Pero más que un acento galileo producto del arameo hablado, Simón Pedro tenía un acento de alguien que anduvo con Jesús y hablaba como este. Es imposible haber andado con **«Jesús el Galileo»** (Mt. 26:69), y no dar muestra de su transferencia espiritual.

Lamentablemente, muchos creyentes tienen más el acento del mundo, que el acento de Jesucristo. Muchas congregaciones conocen más del mundo, que quizá lo que el mundo pueda conocer de sí mismo. Muchas creyentes se están quitando su vestido de lino resplandeciente para vestirse con el atuendo egipcio.

Simón Pedro se puso a maldecir, a hablar malas palabras imprecatorias, se enojó y juró diciendo: «Y **comenzó a echarse maldiciones**, y les juró: ¡A ese hombre ni lo conozco! En ese instante cantó un gallo» (Mt. 26:74, NVI).

La versión Casiodoro de Reina de 1573 dice que **«comenzó a anatematizarle»**. El griego para **«maldición»** lee **«kathetematizein»**. Implica en griego que Simón Pedro estaba pidiendo que cayeran sobre él maldiciones. Él se estaba maldiciendo. Son muchos los que se maldicen ellos mismos, se desean lo peor y se amarran con sus propias palabras.

La mujer samaritana dijo: «Venid, **ved a un hombre** que me ha dicho todo cuanto he hecho. ¿No será este el Cristo?» (Jn. 4:29). El que fue ciego de nacimiento dijo: «Respondió él y dijo: **Aquel hombre que se llama Jesús** hizo lodo, me untó los ojos, y me dijo: Ve al Siloé, y lávate; y fui, y me lavé, y recibí la vista» (Jn. 9:11). Poncio Pilato dijo: «... ¡**He aquí el hombre!**» (Jn. 19:5). Simón Pedro dijo: «... ¡**A ese hombre ni lo conozco!**...».

El apóstol Pedro hizo todo un teatro en su negación mesiánica. Allí negó como cualquier inconverso, cualquier impío, cualquier descarriado, a uno que solo le hizo bien y le bendijo como nadie lo había hecho.

Con una mala conducta, diciendo malas palabras, haciendo falsos juramentos, nosotros podemos negar al Salvador del mundo. Lo negamos cuando no hacemos pública nuestra fe cristiana. Lo negamos cuando temiendo al rechazo o prejuicio ocultamos nuestra identidad cristiana.

«... Y enseguida cantó el gallo» (Mt. 26:74). Marcos 14:72 lee: «Y el gallo cantó la segunda vez...». Lucas 22:60 lee: «... mientras él todavía hablaba, el gallo cantó».

La historia marconiana nos dice que fue la criada la que primero identificó a Pedro y este negó a Jesús, cantando el gallo inmediatamente. Luego esa misma criada lo volvió a ver, y lo acusó ante los demás y volvió Pedro a negar alguna relación con el Nazareno. Y cuando los que allí vieron a Pedro, y lo reconocieron le acusaron de ser galileo; Pedro entonces maldijo, juró y negó (Mc. 14:66-71). Después de la primera negación por Simón Pedro el gallo cantó. Y después de la tercera negación volvió a cantar.

«Estando Pedro abajo, en el patio, vino una de las criadas del sumo sacerdote; y cuando vio a Pedro que se calentaba, mirándole, dijo: Tú también estabas con Jesús el nazareno. Mas él negó, diciendo: No le conozco, ni sé lo que dices. Y salió a la entrada; y cantó el gallo. Y la criada, viéndole otra vez, comenzó a decir a los que estaban allí: Este es de ellos. Pero él negó otra vez.

Y poco después, los que estaban allí dijeron otra vez a Pedro: Verdaderamente tú eres de ellos, porque eres galileo, y tu manera de hablar es semejante a la de ellos. Entonces él comenzó a maldecir, y a jurar: **No conozco a este hombre de quien habláis. Y el gallo cantó la segunda vez.** Entonces Pedro se acordó de las palabras que Jesús le había dicho: Antes que el gallo cante dos veces, me negarás tres veces. **Y pensando en esto, lloraba**» (Mc. 14:66-72).

Juan 18:26 dice que un pariente de Malco al que Pedro le cortó la oreja le dijo a él: «**¿No te vi yo en el huerto con él?**». A lo cual Simón Pedro lo negó. Si Jesús no hubiera hecho el milagro de la oreja en Malco, la cual se la amputó Simón Pedro, allí mismo hubiera terminado preso y ajusticiado.

## 3. El recuerdo de Simón Pedro

«Entonces Pedro se acordó de las palabras de Jesús, que le había dicho: Antes que cante el gallo, me negarás tres veces. Y saliendo fuera, lloró amargamente» (Mt. 26:75).

Aquel canto segundo del gallo serró la conciencia de Simón Pedro, fue una pala que desenterró lo dicho a él por Jesús. Allí se acordó que Jesús le había profetizado su triple negación. Pedro se tuvo que enfrentar al jurado de su propia conciencia.

Todavía «el gallo» canta por medio de las esposas. Cuando estas les comparten a sus maridos alguna admonición, alguna preocupación con alguien, y estos no les hacen caso. Cuando las cosas les salen como su esposa les había dicho, recuerdan que «el gallo» cantó.

Para muchos miembros de congregaciones «el gallo» canta cuando el pastor les amonesta, les aconseja, les dice que no hagan esto o aquello, y estos lo hacen. Al salirle las cosas mal, recuerdan que «el gallo» cantó.

Cuando una madre aconseja a un hijo o a una hija, le amonesta, le corrige, le previene sobre algún mal, o alguna amistad que no le conviene, y le sucede eso precisamente, recuerdan que «el gallo» cantó.

Pero muchos y muchas que no oyen consejos, cuando canta «el gallo», gritan: «¡Que se calle el gallo». El «canto del gallo» les disgusta, les molesta, no les gusta. Pero los que aman el consejo gritan: «El gallo ha cantado».

El pastor Dante Geber predicando sobre el Canto del Gallo, y su efecto espiritual sobre Simón Pedro, declaró:

«En el preciso momento en que Pedro negó a Jesús, cantó el gallo. ¿Será que luego de haberle fallado al Señor de esta manera, él sentiría algún remordimiento cada vez que oía cantar un gallo? Y tú… ¿Qué asocias con el canto del gallo? ¿La ciudad donde caíste en pecado? ¿El hotel donde dejaste de ser puro? ¿Un fracaso en tu vida?… Tú puedes cambiar estos reflejos condicionados, a través de la oración y de la confesión. Y entonces el Señor borrará las evidencias de tus faltas y cambiará tu reaccionar para que en lugar de sentir la acusación del enemigo cuando escuches al gallo cantar, tengas siempre presente que el Señor ya te perdonó, ya te limpió y que todas las cosas son hechas nuevas por su gracia y su amor».

Mateo dice: «**Y saliendo fuera lloró amargamente**». Pedro abandonó el patio de la casa de Caifás para llorar a solas. Tuvo que llorar su cobardía, llorar su falta de valor, llorar su falta de carácter y llorar por haberle fallado a su amigo Jesús de Nazaret. Él «lloro amargamente»; su corazón estaba quebrantado.

Marcos dice: «**Y pensando en esto, lloraba**» (Mc. 14:72). Cualquiera que piense que ha negado al Señor Jesucristo, que le ha dado la espalda, que tuvo la oportunidad de testificar acerca de Él y lo negó, tendrá que llorar. Ese lloro de Pedro era señal de un verdadero arrepentimiento, de un hondo pesar y una amargura por haber pecado.

Cuando el gallo cantó la segunda vez, Jesús de Nazaret miró al discípulo. Es impresionante cómo captura la atención esos cruces de miradas entre el Maestro de la Galilea y Simón Pedro que lo había acabado de negar:

«En ese momento, **Jesús se volvió y miró a Pedro**. Entonces Pedro se acordó de lo que Jesús le había dicho: 'Hoy, antes de que el gallo cante, vas a decir tres veces que no me conoces'. **Pedro salió de aquel lugar y se puso a llorar con mucha tristeza**» (Lc. 22:61-62, TLA).

Aquella mirada de Jesús fue como dos focos alumbrando la conciencia y el presente del discípulo que aun avisado de antemano, había reprobado su examen. Aquella mirada hizo que Simón Pedro se acordada de lo que el Maestro le había dicho. La conciencia de aquella roca humana se resquebrajó.

La conciencia de culpabilidad en este discípulo principal se puede ilustrar con el canto del gallo profetizado por Jesús a Simón Pedro:

«En ese momento, el gallo cantó por segunda vez, y Pedro se acordó de lo que Jesús le había dicho: 'Antes de que el gallo cante dos veces, tú habrás dicho tres veces que no me conoces'. Y Pedro se puso a llorar con mucha tristeza» (Mc. 14:72, TLA).

Cada vez que un gallo cantaba, la conciencia de culpabilidad en Simón Pedro se activaba, recordándole que él había negado tres veces al Maestro. Pero también recordaba que tres veces el Maestro le restauró con amor en la playa del mar de Galilea, al preguntarle:

«Simón, hijo de Jonás, **¿me amas más que estos?**» (Jn. 21:15). Luego solo le preguntó: «**¿Me amas?**» (Jn. 21:16-17). A lo que Simón Bar Jonás respondió: «**Sí, Señor, tu sabes que te amo**» (Jn. 21:15-16). La tercera vez un poco molesto o enfadado, Simón Bar Jonás le respondió: «**Señor, tú lo sabes todo, tú sabes que te amo**» (Jn. 21:17).

Aquella profunda mirada del Gran Maestro iluminó la conciencia de Simón Pedro. Aquel gallo que cantó dos veces fue la alarma que despertó a un Simón Pedro de su letargo espiritual. Pero aquellas tres preguntas del Maestro a Simón Pedro, preguntándole si lo amaba, fueron su sanación interior, su alma-terapia.

En el Comentario Bíblico de Mathew Henry se ofrece una descripción de esa mirada del Maestro de la Galilea al Pescador de la Galilea, que vale la pena citarla enteramente.

Bastó una mirada de Jesús para enternecer a Pedro. Sólo Pedro podía conocer el alcance de esta mirada:

**Era una mirada de reconvención**. Como si dijese: «¿De veras que no me conoces, Pedro? Pues yo sí te conozco a ti. ¿Y cómo has podido negarme, precisamente tú, que fuiste el primero en confesarme como Mesías e Hijo de Dios, y que prometiste, antes y más solemnemente que los otros, que no me negarías?».

**Era una mirada de compasión**. Como si dijese: «¡Pobre Pedro! ¡Cómo has caído! ¿Qué sería de ti si no te ayudase yo a levantarte?».

**Era una mirada de dirección**. Pues así guiaba Jesús con la vista a Pedro para que se retirase a reflexionar por unos momentos sobre lo que acababa de hacer.

**Era una mirada de gracia**. El canto del gallo no habría sido suficiente para suscitar el arrepentimiento de Pedro, a no ser por la gracia que Cristo podía conferir para que el corazón de Pedro se diese completamente la vuelta (Matthew Henry, *Comentario Bíblico*. Traducido y adaptado por Francisco Lacueva, Editorial CLIE, 1999).

Preguntó: ¿Qué pensamientos y qué recuerdos del Señor Jesucristo, nos asaltarán en esos momentos en que algún gallo de la memoria canta y lo oímos? En algún patio, el Señor Jesucristo tendrá algún gallo que cantará para nosotros, y que nos despertará de algún sueño espiritual. Ese gallo que cantó puede ser un cántico profético, un cántico de exhortación, un cántico de represión o un cántico que deja de ser común para comunicarnos algo.

¡Jamás Pedro se pudo olvidar del doble canto del gallo! Aquel gallo fue la alarma de Dios para una roca que se había reciclado en un castillo de arena. Pero aquella mirada del Maestro le hizo recordar al discípulo la advertencia que le había dado.

## Conclusión

Debemos prestar atención a esa palabra profética que nos llama a tener cuidado. Todos nos encontraremos algún día en algún patio de Caifás, donde hay dos opciones: ¡Negamos a Jesucristo o confesamos a Jesucristo! Aun un gallo cantando nos puede recordar que le hemos fallado al Señor Jesucristo.